U0856932

作者：赵毅书记，曾任省文联副主席、省作家协会党组书记、省画院院长

曾祖父：邹培元

前排：大祖父邹克勤（中）；二祖父邹克俭（右）；三祖父邹克谦（左）
后排：四祖父邹克让（中）；五祖父邹克权（左）；姑奶邹淑清（右）

邹殿斌和张淑范夫妇二人合影

倫理道德

是做人說明書

上册

邹殿斌◎著

图书在版编目（CIP）数据

伦理道德是做人说明书．上 / 邹殿斌著．-- 北京：华龄出版社，2025．5．-- ISBN 978-7-5169-2972-8

Ⅰ．B82-49

中国国家版本馆CIP数据核字第2025H2E075号

策划编辑	赵迎辉	**责任印制**	李未圻
责任编辑	李梦娇	**装帧设计**	九章文化

书　　名	伦理道德是做人说明书·上	**作　者**	邹殿斌
出　　版 发　　行	华龄出版社 HUALING PRESS		
社　　址	北京市东城区安定门外大街甲57号	**邮　编**	100011
发　　行	（010）58122255	**传　真**	（010）84049572
承　　印	盛大（天津）印刷有限公司		
版　　次	2025年5月第1版	**印　次**	2025年5月第1次印刷
规　　格	787mm×1092mm	**开　本**	1/16
印　　张	20	**字　数**	185千字
书　　号	ISBN 978-7-5169-2972-8		
定　　价	98.00元（全二册）		

序

道不远人，德在人心

虽然当今社会涌现出很多的思想作品，但《伦理道德是做人说明书》是一部能让人安身立命的作品。

本书语言平实，意蕴深远，是唤醒世人道德自觉的一股清流，是家庭幸福、社会和谐的说明书，是匡扶正气、民安风清的指南针，是指引人们走向光明的灯塔。

本书以作者对传统文化的感悟为主，着眼于当代社会日常人伦，提倡尊道贵德、忠孝节义、敦伦尽分、上敬下和等。对作者所讲的，如能长时间熏修学习，既可做日日三省吾身，四勿慎独，克己复礼的切身修行；又可尊德性而道问学，致广大而尽精微，极高明而道中庸；终则止于至善，培根铸魂，天下归仁，世界大同。

本书分为上、下两册，上册以理论为主，包含了中华优秀传统伦理道德文化精华，也有针对现实生活中普遍存在的伦理道德问题的解决妙法。让每一位读者在阅读中感悟，在感悟中受教，在受教中践行，在践行中获益。其内容重伦理、讲孝悌，行忠恕、守礼仪，对于导引人心、端正世风，可谓是非常适切的良方妙法。

下册以家道伦常为切入点，以邹家几代人躬行的实例告诉我们优良家风的重要性。书中的经典故事展现出人伦之至的深刻道理和道德光辉，不但感人至深、让人敬仰赞叹，而且还讲出了人生的大哲学、大智慧、大价值，继而达到“成教化”“助人伦”的良好效果。可以说此书是每个人、每个家庭不可或缺的幸福手册、和谐密码。

此书缘起于二〇二〇年阴历九月十九日为期十天的讲学。邹殿斌老师在整个演讲过程中脱稿，张淑范老师全程陪同，本人更是在现场见证二位老师的善德懿行、仁爱光芒。视频发出后获得社会各界人士的广泛关注和一致好评，大家一致建议将老师录制的视频转成文字，改编成书，进而让它广为流传。后经多位老师的悉心整理，仔细校对，多次修改，耗时一年之久，终于九转功成、整编成书。

三十多年来，邹殿斌、张淑范两位老师的足迹遍布全国各地，无我利他、广弘教化，用“做人说明书”这套道德理论，使很多支离破碎的家庭玉瓯生光，无数分崩离析的夫妻破镜重圆，多个终日纷争的邻里言归于好。老师之善行是晚辈效仿学习之楷模，后生行为之指南。

此书出版具有突出的功用、重大的意义、深远的影响、高贵的价值。如果每个人、每个家庭都学习伦理道德，按照做人说明书去做，潜心研习、躬行落实，定能身心健康、家庭和睦，最后达到社会安定、国家富强，实现中华民族的伟大复兴。

“士不可不弘毅，任重而道远。”希望人人都能学习伦理道德，高擎孝悌明灯，砥砺奋起，积极效法，力行实践。一灯照隅，万灯照国，必将老安少怀，天下太平！此书如得到读者认可，必将发扬圣道，嘉惠世人！故乐之为序。

赵迎辉

2024年国庆

目　录

下篇　五伦篇

前言

每个人都需要的做人说明书

党的十八大以来，中央高度重视培育和践行社会主义核心价值观。习近平总书记多次作出重要论述，提出明确要求。全国上下开启弘扬社会主义核心价值观、弘扬中华传统美德的学习热潮。为响应国家的号召，我身体力行，积极开办课堂、弘扬中华优秀的传统伦理道德文化。下面我结合自己多年伦理道德文化的践行和感悟对五伦八德内涵、特征和作用做一些说明性的阐述，希望对学习者有所启发。

五伦八德，也叫五伦正德或伦理道德，是教我们如何做人的“说明书”。

历史上五伦有很多别称，像五典、五常、五道、人道、伦理道德、伦常道德等。我所讲的核心内容就是五伦品德教育，总结成一句话，就是：伦理道德是做人说明书。

第一伦是国民品德教育，指国家与民众之间产生的一条国民道。在古代是君臣关系，在现代是上下级关系。国民品德教育包含两个层次：民众与国家之间的关系和民众中的上下级关系，两者是并列关系。民众要忠于国家，国家也要仁爱子民，这就是上仁下忠，对于现代的上下级之间也是如此。

第二伦是父子品德教育，指父母和子女之间产生的一条父慈子孝的道。

第三伦是夫妻品德教育，指丈夫与妻子之间产生的一条夫义妇节、夫义妇顺或夫义妇听的道。

第四伦是兄弟品德教育，指兄长和弟弟之间产生的一条兄友弟恭或兄友弟顺的道。

第五伦是朋友品德教育，指朋友之间产生的一条朋诚友信的道。

我在各地讲课时，看到很多地方都宣扬五伦大道、五伦八德、伦理道德等，但是五伦的具体内容，包括具体怎么落实，可不是那么简单。

例如：我们买了一台冰箱，不看说明书直接使用，会不会产生不良后果？肯定会。同理，我们来到人世间，是不是可以想说什么就说什么，想做什么就做什么，恣意妄为？做人要不要配备说明书？这个问题要引起高度重视。

伦理道德是做人说明书，如同生意人的营业执照，建筑师的资格证书，司机的驾驶证等。那么，一个人要是没经过系统学习，对汽车的性能构造、驾驶技术、交通规则等都不懂，强行开车上路可不可以？也可以，但可能会追尾或撞到护栏上，更严重的可能导致车毁人亡。就像一个合格的建筑师，他一定在学过建筑专业后才能建起高楼大厦。如果没学过，能不能建成高楼？这跟司机没有驾驶证是一个道理。商人做买卖，没有营业执照也是这个道理。

伦理道德是做人说明书，这说明书我们要读懂，读懂后才能在生活中熟练运用。就像一名合格的司机开车上路，才能把握好方向；又像一名合格的农民种出的庄稼，秋天才能收获丰厚。各行各业都如此，恰似五伦关系，需要先学习理论再践行，这才符合自然之道。

接下来，我们抛砖引玉提出几个问题：

第一，五伦的由来。第二，为什么要讲五伦？第三，五伦究竟是什么？第四，如何理解五伦？第五，如何实行五伦？第六，实行五伦的标准是什么？第七，实行五伦的好处是什么？

从古到今，人类历史上存在两大学科：自然科学和社会科学。我时常考虑，五伦大道或伦常道德，是自然科学还是社会科学？依末学的浅见：它既是自然科学，又是社会科学。甚至可以这么讲，它是自然科学和社会科学的纲领。就像《易经》，它有多少自然科学的成分？再看《礼记》《乐记》里面有多少社会科学的成分？由此可知，五伦不简单。我们中华优秀传统文化是从有人的那一天开始就存在的。

为什么要讲五伦？我们首先要用下面三种眼光、态度来看待和理解五伦，具体如下：

第一，用过去、现在、未来的眼光、态度来看待和理解五伦，这就是历史性。

第二，用天人合一的眼光、态度来看待和理解五伦。我们知道天地是一个自然体，人是自然界的一部分。

第三，用圣贤的眼光来看待和理解五伦。人们常说圣贤文化、圣贤教育，什么叫圣贤？从古至今都有这个词，圣贤就是品德高尚、智慧超群的人。圣贤之间也有差别，像孔子被全球认可，全球都学孔子思想，我们一般称之为圣人。圣人这个名号是后人加上去的，孔子自己没说他是圣人。贤人也是如此，虽较圣人差一点，但都是道德品质高尚、有智慧的人。

用以上这三种眼光、态度来看待和理解五伦，进而把握住、认识五伦是怎么回事，就会非常明确。

此外，五伦对做人有九点明确指导。

（1）明确的道理。做人的道理不明确不行，五伦教我们知道做人明确的道理。

（2）全面的职责。要了解五伦，就要像扒苞米似的一层一层扒，得给它扒开。五伦是做人的本分，也是我们应尽的全面的职责。

（3）平凡的行为。五伦是平常的道，没有稀奇古怪的事，更没有怪力乱神。我们要求每个人按照五伦做，做平平常常的人、平平常常的事，一切都平平常常，所以五伦是最平凡的行为。

（4）突出的功用。五伦看起来简单平凡，完全是一些生活化的东西，像家常便饭一样平凡，但它突出的功用不一样。例如：有的人做出一些非常了不起的事业，像历代英雄豪杰，都是在行五伦之道。有离开五伦做出什么丰功伟绩的人吗？没有。

（5）高贵的价值。行五伦，到最后体现的都是高贵的价值。

过去和现在都一样，像中华人民共和国成立初期那些国家功勋和元老，他们都是在行五伦，为国家、民族建立了丰功伟绩，这就是高贵的价值。

（6）现实的效果。前段时间我看电视，有个辽宁人参加了抗美援朝，他一生不要功名，默默无闻地为国家尽忠。这就是国家的忠臣，国家的栋梁。这就是行五伦做出来的，一点不差，这种低调做人的影响力非常大。

（7）深远的意义。从有人开始就行五伦，直到现在都没有间断过。五伦的历史悠久，意义深远。

（8）高明的智慧。中华民族是一个勤劳智慧的民族，其智慧都是从五伦中体现出来的，从未离开过五伦。

（9）完美的目标。中华民族历代先民能够得以生生不息，五伦之道做出了非常大的贡献。其实，人类命运共同体，也就是古人讲的大同，古今目标是一致的。

总体来说，五伦是做人说明书，同时也是一把明理的钥匙。在人生路上，随时都可能碰到问题，运用这把明理的钥匙会在我们遇到问题时，帮我们消除疑惑、解决问题。

本书分上下册，每册又分上下两篇，上册上篇侧重五伦理论阐释，下篇侧重五伦具体内涵诠释和具体应用。下册上篇为家风故事，下篇为女子行为规范，其中“女子德行践行”部分由我妻子张淑范老师讲述。本部分主要讲述她践行伦理道德的心得体会。本书提到的家训，特指邹家祖传的十字一组的诗文。为区分于其他引文，排版时特别加引号或用楷体标注，特此说明。

上　篇

理论篇

第一章　认识五伦

第一节　五伦教我们如何做人

其实，五伦就是教我们如何做人，这一点必须清楚明白。

一、五伦就是修心炼性

在学习五伦时要认识到：五伦特别突出的是孝道。通过这些年学习伦理道德，我有这样的感悟：“讲课无别讲，无非孝爹娘，爹娘孝得了，请您圣贤当。”

尊老爱幼是中华民族的传统美德。孝顺爹娘太重要了！我讲课处处离不开“孝”字。

如果人人都能孝顺爹娘，就能达到古人讲究的一种境界——成为圣贤人，也就是品德很高尚的人。

还有一句感悟是这样的：“修行无别修，贵在识路头，路头识得了，生死一齐修。”就我本人来讲，我感觉这句话意义挺深刻。什么是修行？修，就是古人讲的修心炼性。行：作为、修为，就是我们做各种事业。

“修行无别修”，说修行，其实也没什么可修的。

“贵在识路头”，就是告诉我们要选捷径。例如：我要去北京，是从哈尔滨走，从齐齐哈尔走，还是从俄罗斯走？路线很多，但哪一条是捷径？其实，五伦就是做好“人”的捷径，是根本。

“路头识得了”，是说这条路不但要走得非常正确，还要非常稳妥。

“生死一齐修”，按古人来讲，从生到死，这一生其他的都不考虑，就做好人，把五伦做明白。五伦可以提升我们的道德品质。按照每一伦好好做事，把事情做成功，就是修心炼性。

中华优秀传统文化内涵丰富，博大精深、光辉灿烂。我们现在专门讲一讲做人的道理，做人的说明书。我们得找一条做人的方便道路。

如何做人也要选择一条道路，古人讲尊道贵德，这特别重要。我们选择的五伦这条道，就是教我们如何做人。

二、五伦是幸福快乐法

五伦就像古人讲的世界大同，“大同”这个理念最早是孔子提出来的。他在《礼记·大同篇》中说：“大道之行也，天下为公。选贤与能，讲信修睦。故人不独亲其亲，不独子其子，使老有所终，壮有所用，幼有所长，矜、寡、孤、独、废疾者皆有所养，男有分，女有归。货恶其弃于地也，不必藏于己；力

恶其不出于身也，不必为己。是故谋闭而不兴，盗窃乱贼而不作，故外户而不闭。是谓大同。”“大同”这个词的意思，《中庸》《大学》里都涉及过，也可以这样说，“四书五经”都是它的注解。

我们能正确认识五伦，照着去做，不违背，并且做好，家家都会幸福，人人都能快乐，社会和谐，世界和平，这时候就实现世界大同了。

是否认识五伦，是否按照五伦去做，这决定了苦和乐。不认识五伦，不按五伦去做，并且违背五伦，就像司机开车在路上行驶，违反操作规程；就像使用电冰箱，不按说明书操作……这些行为都会导致很严重的后果。那么，如果做人也全然不顾及说明书的规范，恣意妄为，结果就可能造成个人苦难、家庭苦难。

明白五伦的人，会做明白事。不明白五伦的人，会做糊涂事。落实圣贤五伦教育，是为了好好做人，做个好人。

善心感召善人，善人来帮忙；恶心感召恶人，恶人来帮倒忙。善人向成功发展，恶人向破坏发展。

《孝经》里讲：“孝悌之至，通于神明。”我也写过类似的一句话：“一孝雕善自然妙，五伦破愚大同游。”

在没有学习伦理道德时，可能在某一方面比较愚钝，或者说迷惑不解。通过学习五伦这种智慧，我们能够破掉愚痴，达到最终目标，就是古人讲的大同世界。我们都应该有这样的一个理想，一个梦想，学习和继承中华优秀传统文化，在大同世界畅游。

人从平凡中来，到哪里去？这是我们要清楚的。虽然我们身在平凡普通的家庭中，从事着非常平凡的工作，但我们要追求卓越，追求伟大。就像敬爱的周总理所说："为中华之崛起而读书！"这一理念激励着几代人，尤其是青少年，这就是伟大的志向。还有一种追求，问一问自己从哪里来？要到哪里去？要为国家和民族做出一些贡献。

三、做五伦的主人

我们本是自己的主人，命运掌握在自己手里，不要做自己的仆人。也就是说，不要为自己那些坏脾气、私心、欲望等不良嗜好当奴仆。

例如：一个房屋，我们住在里面，是享受它，还是伺候它呢？对我们的身体来说，欲望太多可能把身体造坏。特别是好生气，动不动就着急了、上火了。人与人之间，互相有矛盾、互相对立，还可能为此大动干戈，表现为非常激动、较劲、生气等。这样，就相当于我们在伺候坏情绪。

能够心平气和地做事，是学习伦理道德获得的收获。或者说我们不要为生气、烦恼等打工，更不要为自己的私心欲望和争贪搅扰当奴仆。我们要做自己的主人。

例如：房屋过度装修，个人过度打扮，不仅花掉很多钱财，也花掉很多时间和精力。尤其当我们挣钱不多，却热衷于买高级化妆品时，你想一想划算不划算？这是不是相当于在为这些外在物质打工？

国家一直提倡简朴，民生方面，吃喝穿戴、婚丧嫁娶等一切从简。尤其婚丧嫁娶，每次摆上几桌甚至几十桌，多数都吃不了浪费了，多可惜！为虚荣和面子打工，合适吗？同样的道理，我们也不要为不好的脾气当奴仆，为它们打工太不划算了。

各位师长、学友，我们要做五伦的主人，不要做五伦的奴仆，不要给着急、上火、生气、吃喝嫖赌等坏脾气、私心欲望打工。

初学五伦要循序渐进。比如禾苗，长得不高，长期干旱，突然遇到暴雨，这禾苗能不能存活？它是很渴，但是水太多能把它泡死。学五伦也一样，你一下把五伦都扔给他，他怎么学？学不了。所以我们必须循序渐进，一层一层地扒。先从五伦相关课题开始，一点一点具体来讲五伦。

就像有的人长时间饥饿，突然猛吃一顿大餐，是不是会对脾胃造成极大伤害？还有，给新生婴儿喂成人吃的饭菜可不可以？学习五伦八德也一样，必须一点一点来，要有一个循序渐进的过程。

四、五伦是五种道德岗位

古时就有十义，指的是："父慈、子孝、兄友、弟恭、夫义、妇听、长惠、幼顺、君仁、臣忠。"现在讲的十义是："国爱民忠或上仁下忠，父慈子孝，夫义妇节，兄友弟顺，朋诚友信。"此外还有八德、三纲五常等互相配合。传统文化都是往五伦这五种岗位上落实，各种道德关系皆由人而生。我们生存在五伦当中，任何人都离不开这五种岗位。

五伦好比是眼眶，人就像眼球，有没有人的眼球能脱离眼眶？没有。又像舌头在嘴里，有没有人的舌头能脱离嘴？没有。就像火车离不开轨道，是一样的道理。我们这五伦的岗位，要各就各位，各司其职。

此外，在五伦岗位上有一个"四不"：不串岗、不脱岗、不抢岗、不能在岗不作为。

像夫妻之间，按理来说丈夫扮演丈夫的角色，妻子扮演妻子的角色。可夫妻离异后，领着孩子的一方，是不是既要当父亲又要当母亲？这里有两个角色，夫、妻的责任都得承担。

中医讲五行，金、木、水、火、土和心、肝、脾、肺、肾都是相应的。五伦就像心、肝、脾、肺、肾一样，有着不同角色，固守着相应岗位，既独立运行又相互合作，共同守护我们的身心健康。

充分理解每一伦，在每一伦的岗位上尽好本分。第一，不

串岗。例如：女儿不经意间串到妈妈的岗位上去管爸爸，安排爸爸做这做那，在家里做起了主。

还有下级和上级串岗，单位就乱套了。就像种的庄稼，如果高粱、玉米不在自己的岗位上好好生长，高粱上玉米那儿去长，能长得了不？不但长不成玉米，还把自己长坏了。所以不能串位，要守好自己的岗位。

第二，不脱岗。擅自离开岗位，就像心、肝、脾、肺、肾中的脾突然不工作了，脾要是脱岗了，它的功能谁来代替？心能代替，还是肝能代替？同样，心脏跑到肺那儿去工作了，身体能受得了吗？就像五个人干活，你偶尔可以脱会儿岗，时间长了肯定不行。在家也是一样，无论夫妻、父子，谁脱岗都是个问题。

第三，不抢岗。这种现象在夫妻之间最明显。妻子是女强人，就把丈夫的岗位占了，把自己累够呛。丈夫闲着，没事干，妻子心里就天天生闷气，这在家里不是好现象。

第四，不能在岗不作为。有的人占据位置，可就是不作为。就像当父亲的，不作为，在家里这活儿不干，那活儿不干，孩子也不教育，这样家庭能和睦吗？

我们要懂得五伦的五种岗位，每个人都有自己的角色。守好自己岗位的同时，也不要对别人产生干扰。要做到：各在其位，互不干扰、互不妨碍，各行其道，这样才能保持正常的运行。这就是我们所讲的几个问题，要坚守自己的五伦道德岗位。

五伦所讲的是伦理道德规范，也就是做人的标准，也称为法网。意思是谁触犯五伦，谁就会受到警告或者惩罚，古今都是如此。

五伦是做人说明书，讲五伦就是讲一个做成功人的模式。只要掌握了这个程序或模式，就会省时省力，直达目标，效果极佳，这也是末学多年来的亲身感受。

第二节　五伦是一把明理的钥匙

古人称孔夫子为时圣，什么叫时圣？我理解就是与时俱进，在任何时空点发生任何问题，他都能解决。我们学习伦理道德，追求的也是这个目标，问题出来后我们能够解决。至少通过学习探讨或研究能找出答案，不然我们学习伦理道德就没有意义了。

学习五伦八德，得有一个总目标。总目标很简单，从两个方面来说：一个是圣贤，另一个是大同。从这点看，圣贤等于大同。大同是什么？大：从总体来看广大无边；同：一样，我们的心都一样。

古人追求大同，《礼记·大同篇》第一句就是："大道之行

也，天下为公。”这里并没有说什么是大道，末学斗胆在大道前加上“五伦”，即“五伦大道之行也，天下为公”。当然，也可加上“伦常”两个字，称“伦常大道”。

那么，学习五伦八德首先要在理性认识上提高，认识上不去，操作时肯定打折扣。内心认可了，才能将理论和实践结合起来，与经验方法合成一体，最终实现一个目标：人人成圣贤。

圣贤就是品德高尚的人。到了大同社会，就如《七律二首・送瘟神》诗中所言：“六亿神州尽舜尧。”尧舜时期圣贤遍地走，整个社会都是品德高尚的人。

《尚书》里有“五典”一词，历史上很多专家学者把它翻译过来叫“五伦大道”或“五伦正德”。五伦也有很多说法，像伦理道德、五常、伦常道德、伦常法转、五伦家道等。这里的“法”指一种规范，历史上对五伦的称呼还有很多，像人伦、人道、五道……可见五伦在人类历史上具有崇高地位。

学习五伦包括五方面。第一，是“**三力求**”，这是对我本人的要求。一力求把这课讲明白；二力求把课讲深刻；三力求把课讲全面。

五伦是做人说明书，这题目看起来不算太大，也不算太小。因此前几讲要把相关问题说清楚，不然以后不好理解。既然讲五伦就是讲一个做成功人的模式，咱们就要在头脑中有个印象，不能轻视。

第二，是“**三要**”。一要跟上讲课思路。二要往自己身上归。比如：自己作为父母，有没有做到慈？作为儿女，有没有做到孝？对国家是否尽忠了？……必须往自己身上归。三要随时检讨或自我批评，找到自己做得不对的地方及时改正，这样才有效果。

自我批评非常重要。我们讲课力求像扒苞米似的，一层一层往下扒，最后露出玉米种子。比方说检讨的问题，从历史上来讲，检讨、自我批评或忏悔的对象很多。当年那些老红军现在有的都八九十岁了，身体还很健硕。他们善于自我批评，检讨自己。我们学习伦理道德也是一样，要随时检讨自己。

第三，是“**三比方**”。我们一开始学习的时候如同吃饭，接下来如同消化，最后如同吸收。

刚开始可能不好消化和吸收，就像学习五伦，直接讲五伦并不好理解。只有先讲一些好理解的相关内容，交代清楚，理解深刻、透彻了才好实行。所以要求各位一开始要有耐心，好好听课，如同用餐，首先要了解食物属性，然后细嚼慢咽，才能消化、吸收。

就像品味食物，可能甜的、香的我们喜欢吃，苦的、酸的不愿意吃。但我们不能因为个人喜好而决定吃不吃，也许身体恰好需要这份营养，而有营养的东西未必香甜。古人常说：良药苦口。善良的话，说出来不见得好听，却是有益的言语。听课也一样，需要耐心品味。

再说“如同消化”。初学五伦可能消化不了，一段时间后，就应该进入消化阶段了，这期间是明理知行的过程。

如同吸收，意思是先吃饭，吃完消化，最后吸收，吸收相当于运用得果了。这些都得说清楚，我们设计课程时，是这样考虑的。

如果大家还不明白，那就用植物或建筑物打个比方。种子第一步刚生根，能马上结果吗？是不是得有个过程？生根之后才能长大。第二步开花，也就是明理知行。开花预示着要结果了。第三步结果，就是运用得果。这样的课程安排，有利于理解五伦、运用五伦。

从建筑角度来说，学习品味阶段好比画图纸。刚画图纸，房子能住上吗？肯定住不上，得先熟悉图纸，看明白图纸。五伦大道就好地是一张图纸，首先要明白什么是五伦八德。

只有明白了、明理了，才知道怎么办，才能消化。消化就是施工，砖、瓦、水泥、人工等齐上阵，这是建筑阶段，但还没成功。等到第三步运用得果了，这房子就建成了。所以，学习五伦要一步一步来。

第四，是“**四从**”。从性起修、从命起修、从心起修、从身起修。古今的经典里，都有提到过“性、命、心、身”，这些词语出现频率非常高。

性，从《大学》来讲属于良知。古人常讲：性命双修。命，其实就是良能。从性起修，是让我们注重什么呢？注重之前讲的坏脾气、不好的性格，从这做文章，去化掉。

从命起修，我们常讲天职。军人以服从命令为天职，天职就是命或天命。从命起修，要求我们做事合乎天命，服从天职，也就是按伦理道德去做。

从心起修，从《大学》角度来看，我们心里不应该有杂念。换句话说，就是私心欲望，包括贪、嗔、痴、慢、疑之心等，这些要去除。

从身起修，没有身子不能建功立业。为国捐躯，为民解难，我们得用身子做事。但身子有很多不良嗜好，也就是所谓的恶习，比如吃、喝、嫖、赌、杀、盗、淫等，这些都要去除。

第五，是“**三个小目标**”。大目标是我们都成为品德高尚的人。小目标也不小，通过学习五伦八德实现以下三个小目标：

一要身心健康。大家都知道健康最重要，纵使你有很多钱，没有好身体，也享受不了，一把一把地吃药，有多少钱都不幸福。

二要家庭和睦。身体不健康的原因就是心灵不健康，所以心灵健康更重要。如果身心健康，家庭就和睦，家庭和睦的基础就是身心健康。

三要品德提升。如果身心健康、家庭和睦都实现了，那实现品德提升就不在话下了。

第三节　天命与天性

五伦，其实讲的就是一个“孝”字。每一伦是一个“小孝”，用这个“小孝”求每一伦的“小和”，五个“小孝”相加就是“大孝”，五个“小和”相加就是“大和”。大孝等于大和。讲孝就是讲和，讲和就是讲孝，最终求出一个孝和。

儒、释、道是传统文化的主要构成。儒、释、道三家之根是五伦。五伦之根是“善”，“善”之根是“孝”。**孝是善的灵魂，百善孝为先。**古人讲穷理尽性，我们讲的就是一个“孝”。

我们讲五伦的道德岗位，包括之前讲的十义、八德、三纲五常、三从四德等，都得和五伦发生关系，都得往五伦岗位上落实。为什么呢？因为五伦就产生了这些关系，要用道德来规范它，这个理念必须清楚。

五伦，相当于航空母舰。我们知道航空母舰不能单独作战，需要攻击舰、驱逐舰、护卫舰等一起配合。接下来我们一伦一伦讲，这中间可能加一些相关的小项目，像孝性图说。我们讲的这些小项目，相当于五伦这艘“航空母舰”的驱逐舰、护卫舰、攻击舰。就像我们讲传统文化一直没有离开《中庸》《大学》《礼记·大同篇》等儒家经典。

一、天命、宿命、阴命

《大学》讲**天命**、**宿命**、**阴命**，区别有三：

第一，“天之明命”“惟命不于常”“峻命不易”“其命维新”，皆是天命。**天命**就是天职，就像军人以服从命令为天职。“天之明命”：上天赋予我光明的使命。“惟命不于常”：天命是变化的。“峻命不易”：得了天命是不容易的，我们要珍惜。“其命维新”是指承受的天命是新的。我们要苟日新、日日新，天天有创新。就像我们天天吃饭，吃的饭是不是在重复？所以我们一想就能理解什么叫天命。

就像学习传统文化，学习不是目的，要学以致用，要运用它实现我们人生的理想，这是天命。每个人都有这种天命，我们能把握住，做什么都可以理解为天命。例如我现在打工，打工就是我的天命，是我天然的职位，我应该尽职尽责做好。

第二，富润身。《大学》讲：“有土此有财，有财此有用。”有土地能生财，求财要有方，这讲的是生财之道，属于**宿命**。就现实来讲，命就是现实的命运，我们要面对现实，不要想以前的事，就讲今生。有财之后，穿金戴银，房屋豪华装修等，用钱财为身子服务，这都是富润身。当然，我们不反对享受，只是举个例子。

第三，争民施夺。和老百姓争财。一人暴戾，一国作乱，长国家而务财用者。天天考虑自己，考虑儿女，考虑如何发财等问题。

“骄泰以失之”是说特别傲慢，特别骄横，甚至飞扬跋扈，最后无道无德，把得到的钱财都失掉了。这就是小人为不善无所不至，属于**阴命**，阴暗的、阴险的，就像珠穆朗玛峰的阴面。而尽职尽责做好自己的事业，培养好自己的德行，行善积德，就像珠穆朗玛峰的阳面。

二、天性、秉性、习性

我们常讲性命双修，就是《大学》讲天性、秉性、习性之区别何在。《大学》篇幅虽短，但是把三纲领八条目讲明白了，对我们修身炼性、行道或行善积德、做慈善事业等都有很大帮助。

有一些做学问的人，不一定学很多，可能一句话搞明白了，做出来了，就能惊天动地。有的人可能耗时数年，甚至一辈子，也没什么发展。当然，具体实况具体分析。

明明德，克明德，克明峻德，慎德盛德是天性。明明德：使德行光辉明亮。克：能够。慎德：谨慎德行等。讲这个德行是讲天性的问题，天人合一讲的就是这个性、这个理。性理或理性不难理解，天然之理，所以我们叫天理。我们能在这上面修炼可不容易，一个性、一个命。

讲这个命的时候，我们就理解了孔子说的“不知命，无以为君子也”。君子：善良的人。“君子”不一般，它是谦称，包括圣人。孔子常说自己顶多称得上是“君子”，特别谦虚。

天命谓之性，这个命不简单，要性命双修，三个命我们都能了解。首先了解自己，才能了解别人。“性不明口念经不算修行。”如果不知道自己什么命，也不知道自己什么性，念那些经典一点儿用都没有，等具体应用的时候用不上。

天命，就是良能；天性，就是良知。道德讲的就是性命，切入点就是讲五伦，这一点不明白不行。如果这些铺垫、这些嫁妆没有，我们讲五伦肯定失败，为什么？因为会人为地把五伦庸俗化，乃至践踏，根本不把五伦当回事。

五伦不简单，**五伦是自然法则，是一条条规矩，跟太阳和月亮的运行规律一样**。父子间就是太阳运行的规律，如果这样认为，谁都不敢犯错，犯错就会受到严厉惩罚。太阳绝不会偏离轨道，如果偏离，宇宙绝不允许。人也一样，偏离了父慈子孝的道，我们就会受到惩罚。

五伦大道是无底之道，这个课题永无止境，探讨不到究竟，没有底，学到哪修到哪，学到老做到老，做到老学到老。接下来我们继续应用五伦，演说五伦，演绎五伦。

有所忿懥（zhì），傲情拂人性，是秉性。爱生怒气，发脾气，脾气不好，忿懥傲情，傲慢无礼，贪嗔痴慢等，属于秉性，叫气秉（禀）性，气禀所拘。

秉性往往有遗传性，这很科学。天命、天性能承传，秉性也可以继承。大家都希望好的地方继承，不好的地方不继承。老人有的毛病，儿孙看似没有，可事实上却也继承了这些毛病。

我们肯定不愿意继承这些毛病，那怎么办？我们能批判老人吗？能说老人这不对、那不对吗？《弟子规》中说，老人有过错，心平气和地劝一劝，劝不了就不能劝了。我们不能生气，也不能惹老人生气。

不想继承祖先的脾气秉性，要改变相当难，遗传本身是一种力量，这种力量我们有时对抗不了。这种力量就像汽车开到一百迈，能一下刹住车吗？这车不得转八个圈摔碎呀？得一点一点控制。

行五伦八德，表面像朵花似的。脾气不好，生气，尽不了孝。对待儿女，鼻子不是鼻子，脸不是脸的，儿女不愿意，慈也尽不好。

把惯性的脾气秉性克制住，克服掉，需要工夫。道理不明白，没法克制，这是秉性问题。

有所好乐，乐其乐而利其利，是习性。表面不讲吃喝穿戴，为了取乐的吃喝嫖赌，就是有所好乐，有爱好执着放不下。愿意打麻将怎么办？讲课时我听人讲过，一个母亲把小孩锁在屋里，自己去打麻将，母猪把门拱开，把炕上的孩子吃了，这就是有所好乐，乐其乐而利其利的结果。不良嗜好很严重，烦恼习气大，得不到这种利益我就生气。为什么家庭不安宁？原因就在这里。

这些题目关于性、命、良知、良能。我们得有良知，有了良知才有良能。良知往往超前，良能往往滞后。这么好的天命，这么好的职位，这么好的工作，这么好的道德，知道却不做，这都是禀性、习性在作怪。

知道这一点对我们行五伦八德太重要了。学习传统文化，对我们认识良知良能完全有指导作用。良知良能、仁义道德、孝悌忠信，有这些指导思想还不够吗？足够做得了，光这一个“孝”字就不简单了。

三、志诚、意诚、心诚、身诚

社会主义核心价值观中有“诚信”，这个“诚”字太了不起了。

古人讲：“诚者，天之道也，诚之者，人之道也。”宇宙的道是真诚的，极端真诚。人若做到真诚，这叫天人合一。做人首先要诚信，讲信修睦，不诚不信一切免谈。

如果种子种到地里，和土壤接触不上，水分、养分吸收不着，种子就不能发芽，就好比人不诚不信，一切都没用。

宇宙的运行是因为诚信、守时遵位。行五伦也一样，要守时遵位。每个人都有五伦道德岗位，我们要坚守自己的岗位，不要管别人。有人说不管别人那是不是太自私了？不是！待自己成功后，把成功经验告诉别人，别人做不做是别人的事，我们管不了。别人明白这道理，咋能不做？不明白这道理又怎么

能做？

四诚：志诚、意诚、心诚、身诚。我们接下来要取其中一点研究研究，研究之后要运用它。这都是公用的，谁用都可以。每个人都具备运用它的能力，不要小看自己，不要跟别人比，自己好好做。

志诚不怕挫折，志不诚肯定害怕挫折，太多人害怕挫折，挫折失败来了，暴跳如雷、发脾气，无法控制。志诚者，立场坚定，不怕挫折失败，敢于赴汤蹈火。之前讲《大学》《中庸》里的四种境界，大家回忆一下就明白这句话了。

意诚不怕毁谤，意念真诚。古人讲："与日月合其明，与四时合其序。"那是真诚，意念非常真诚。

我们在现实生活中就会遇到这样的人，不管别人怎么诋毁他、诽谤他、打击挖苦、敲边鼓等，他都不在乎，不放在心上。别人诋毁我，说明他目前境界不够，我不跟他一样。你看这多好，是不是？

心诚不怕事乱，身诚不怕活多。我们居家过日子，或在外打工做活儿等，终其一生都离不了家内三伦、家外两伦，可以说天天和五伦打交道。

在打交道的过程中会遇到问题，比方说：现在是秋天，三春不赶一秋忙。这时候事多，事一多可能就乱套了。这期间生病的比较多，为啥呢？活儿多事乱，这些还都得做。如果家庭成员有在道上的还可以。如果不在道上，就生气。如果心诚，会解劝自己，慢慢干吧，什么时候干完什么时候算。要是不明白干生气，可能就把精神压垮了。

生气或着急上火，就容易添病，那就不自在了。还容易跟家人干起来，把人伤了。在单位也一样，大家一想就会知道。所以，我们要心诚。人在生气的时候干活儿，身子比较累。不生气，身子就比较轻快，这个道理，我们都知道。

第四节　永恒的道

一、五伦的本质

第一，五伦是人世间永恒的道。永恒，永远存在。从有人那天开始到现在，乃至未来，我们只能说中间这一块是现在。从历史来看，史书记载起码有五千多年了，人类始终没有离开五伦这五条道。

五伦是做人说明书。我们首先得知道有这条道，而且知道这条道是永恒的。既然五伦是永恒的道，那我们就得走在这条道上。

如果说不知道有这条道，我们就不在道上。像之前说过：有人从结婚到五六十岁时，都没管婆婆叫过妈。你看这是什么原因？是不是她不知道五伦是我们的本分、责任、义务？家里

头是不是弄得人仰马翻？像开车似的，你撞我，我撞你，互相碰撞，互相妨碍。

五伦是人间的一条正道，一条永恒的道，一条善道，我们一定要把这条道走好。最起码的追求是身心健康，家庭和睦，社会和谐。行五伦讲**“三和”**：首先是心灵和，自己跟自己都不和，跟谁都和不了；其次是家庭和，心灵和家庭和了，那社会就和谐了；最后是社会和，最终求的就是社会和，社会不和没有幸福安乐可言。

第二，五伦是体现诚信亲和的道。五伦是自然法则或自然规律，它跟四时是一样的，跟日月星辰的运行是一样的。所以说它体现的是我们讲诚信亲和的道。

三行：行孝、行顺、行友。行孝：行孝以亲父母，就是讲亲，所以，我们行孝道要亲近父母，那怎样亲父母？孝顺父母，亲里包括孝。

行顺以亲贤良（忠孝贤良），行友以亲师长（老师、模范、兄长、长辈），这个友是孝悌友爱的意思。我们行这个道时，友爱顺从、宣传悌道都体现一种亲。我们践行五伦的时候，要让人有一种亲切、亲近、和蔼可亲的感觉。

行道就是行五伦，五伦是体现诚信、亲和的道。古人讲，至诚无欺，信是能成就万事万物的功德本（功德母），无信一切都免谈。我们每个人行五伦时，首先得做到诚信，相信五伦，诚实地按五伦去做。家里家外，脚踏实地地做到，这是做人的本质。同时也体现出五伦是我们的本分、责任、义务，是我们的道德岗位。通过这样做，最后求个和，和才能平。求出和就平了，天下太平。首先要心灵和平，所以五伦是体现诚信亲和的道。

第三，五伦是产生和保护幸福安乐的道。其实，以上两条做到了，我们就能生出幸福安乐的道，其实我们求和是求啥？和的本质是啥？和平。如果不能和平，幸福安乐就得不到。

行五伦，能产生幸福安乐。我们持之以恒地按照五伦八德去做，就能得到幸福安乐。相反，如果我们不按五伦八德去做，那幸福安乐也就没有了。我们活着最终为的是啥？追求最高的道德品质。最高的道德品质是不是幸福安乐？

我们讲，最高的思想境界或道德品质就是幸福安乐。即使苦累也欢乐，凡是真正行道做德的人都以苦为乐。五伦既能产生又能保护幸福安乐，要想永远保持幸福安乐，就要永远行好五伦，永远保持我们最高的道德品质和人格。过去课本里常讲高贵的人格，我们追求的就是这个，这是我们的本质。成圣贤也好，造大同也好，都是一致的。

二、五伦的特征

1. 全体人都必须学做五伦

从古到今，从现在开始到未来，只要人存在五伦就存在，

所以五伦是永恒的道。从这一点来说，每个人都应该学以致用。

可还有好多人不知道五伦，那怎么学？怎么做？我们学五伦，有三个目标：身心健康，家庭和睦，品德提升。

现在，人们比较热衷中华优秀传统文化，所以，我们应该大力弘扬，做先锋导游。首先自己学习，学习后按照五伦去做。如果做不出来，就宣传不出去。

2. 全体人都必须忠于国家

什么叫忠于国家？首先心中要有国家，有人民。

爱国家就等于爱人民，爱人民就等于爱国家。可能有人说，国家这么大，人民这么多，爱不过来。我常举例子：就像邻居失火了，如果不救会把我家烧了，所以我去救，这是不是被动的？如果我家在大庆，哈尔滨失火了，我救还是不救？不救，不管，烧去呗，离我家那么远，烧不着我，这是不是自私？如果我爱国家、忠于国家，看待同样的问题就不一样了。假如哈尔滨失火了，虽然我身在大庆，但是我心已经去哈尔滨救火了，这是极其重要的，这才是忠于国家、忠于人民。虽然我去帮邻居救火了，但我心没去，我是不得已，不救不行，看是不是有本质区别？

我们回顾历史：诸葛亮忠于蜀国，关云长义薄云天，还有精忠报国的岳飞。他们用一生谱写一个“忠”字，是不是道德品质最高尚的人？是不是真正的大同缔造者？

3. 全体人都必须抱有公心

《礼记・大同篇》开篇就说：“大道之行也，天下为公。”

什么是“大道”呢？古人把大道之前的字省略了，咱们根据内容判断可能是说：“五伦大道之行也，天下为公。”或曰：“伦常大道之行也，天下为公。”

我们学习古代文化，这个“公”字应当牢记。大同世界就是公天下，公道的天下，人人都是公道主，这应该是大同的本质。为什么要公呢？公则悦，古人讲做到公平、公正、公道，人就能心悦诚服，从内心发出喜悦感。

“忄”加个“兑”是“悦”，兑现了心思，心里特别高兴、愉快。诚，言字旁是指说的话，言语实现了就会成。服，服服帖帖，太太平平。

公的本质是大同，悦的本质是公。我们行五伦不就求这个吗？所以全体人必须为公报效。不学五伦，不做五伦，不忠于国家，公怎么实现？所以说《礼记·大同篇》就是靠践行五伦八德实现的，实际是五伦大道，或伦常道德。

两千五百多年前，孔子提出“公”这个理念，我们为之奋斗了两千多年。现在提出人类命运共同体，人类命运共同体就是大同。

《礼记·大同篇》里说，做一切事情都体现一个“公”字，没有私，公天下。“这大同世界好醒登天道。”现在国家也提倡“公”字，我也要求自己做到“公”，立身为公，做得不好，但始终在努力做。

我们的老前辈都是为这个“公”献身，他们一生为国、为

民，实现这个“公”字。同样，大同首先要自己内心大公，对任何人公平合理，做事公道、公正、公开，这太重要了。

我们为什么那么尊重孙中山先生和宋庆龄先生？在中国现代史上，能称为先生的女士不多。她们都是仁人志士，一生为公献身。过去有胸牌：天下为公。再看我们敬爱的周总理，他的胸前也有块牌子：为人民服务。这不就是忠于国家，为公报效吗？所以在清明节，尤其是最近几年，都举办纪念孙中山先生的活动。先生用一生时间书写这个“公”字，践行这个“公”字。

公的对立面是私，如果把私心打倒，就是公了。“有货财不必藏无贼盗招。”心里没有鬼，就不会招引外面的贼来偷盗。

如果人人都是公心，路不拾遗，夜不闭户，那就是公天下。就像咱们这个地区，近两年没听说过谁家房门被撬了，谁走道被劫了……这不就是公吗？私心越来越小，公心越来越大了。

古人讲：“道心惟微，人心惟危。”道心是微妙难明的，而人心是危险难安的。人做事时私心杂念太重，争贪搅扰，私欲无度，这样就害怕偷盗。私心逐步减少，完全实现这个公就好了。

三、五伦的要求

1.报五恩

五恩指天、地、君、亲、师。

天地，就是自然界、自然体，指天人合一。我们生长在天地间，要保护生态。“民吾同胞，物吾与也。”所有人都是我的同胞，所有物质都是我的朋友。我们在一起生存，所以叫共生，我们是彼此生命的一部分。

古人说的君，就是领导。任何一个团体，凡是能领导人的，都是君。君就是领导人，我们应该报答天地恩德，也要报答领导人的恩德。他们领导国家，领导人民，领导单位，领导员工，为国家做事，为人民做事，这些领导我们都要感恩，同时还要报恩。不是在心里想我要感恩就完事了，我们要做点事去报答领导的恩德。

亲，主要指父母，但在这里也指兄弟姐妹、夫妻儿女。感恩是初级的，报恩是实际行动。感恩不一定要做出什么事；报恩，则事情必须做到。打个比方，我想感恩，不一定拿出一块钱，但我要报恩，这一块钱拿出去花掉了，就报恩了。一个做，一个没做。

最后一个是师，三人行必有我师，这是从广义上讲。其实主要是和我有关系的，教我的人，或领着我的人，这些称为我的老师。过去常讲，父母是儿女的第一任老师。实际上，父母是儿女终身的老师。另外，当一个人走出家庭，步入社会，读书、学习某种技能或在工作岗位上，都有老师，所以要报答老师或师长的恩德。

如果说学了之后不做，遇到老师、领导，心里不存感恩、

报恩之心，就违反了伦理道德，相应道上的德就丢失了，对自己不利。人离开道，相当于太阳离开了轨道。

2. 明五序

五伦中的五种秩序：义、亲、别、序、信。

具体来说，是指君臣有义或者说国民有义，父子有亲，夫妇有别。长幼有序，过去长幼指兄弟，就是兄弟间有序。朋友有信。

讲五伦，其实就讲十个字：君臣（或国民），父子，夫妻，兄弟，朋友。再加十个字：仁忠（上仁下忠），慈孝（父慈子孝），义顺（夫义妇顺），友恭（兄友弟恭），诚信（朋诚友信）。我们讲课无非就是讲这二十个字。

我们归纳一下就是讲五个字：义、亲、别、序、信。简单不简单？大道至简。纲举目张，我们这是不是纲？那些都是目，总绳在我们手里攥着。这几个字，落实就完了。其实我们就讲一个孝字，或一个和字。传统文化有多少我们不用管，源头、根本找到了，讲什么就非常清楚了。

五序是一种自然秩序，自然的次第，有先后道理，自然而然的东西，不讲人为（有为的）。人世间这种关系，用自然界的眼光来看待，没有人为的思想。但做的时候，肯定有人为的思想，有人为的思想叫有为，有为就容易违背自然法则。

这里有一个**“四化”**：奉父母（老人）感化，当师长教化，对兄弟朋友劝化，对儿女要治化。

奉父母感化。奉养老人，伺候老人，感化行礼。把老人感动了，不就化了吗？

当师长教化。当老师的、当长辈的（包括领导或长上），应该教化人。通过教育改变他们，这叫教化。小孩自出生，由父母和老师教化多年，不然，当长辈、当老师的就失去了自己的责任和义务。感化和教化，用词不一样，意义不一样。儿女孝敬父母，做事顺从这是感。教的重点是教育引领。

对兄弟朋友劝化。劝说、劝人、劝善，一点脾气、秉性都没有，这叫劝化。通过劝，对方改变了。比方说兄弟朋友原来不愿学五伦八德，不愿行善，连孝悌都不知道，甚至会做出一些悖理的事情。经过兄嫂、姐妹等平辈人劝一劝，让他别这样，学学五伦八德，在家好好尽孝，兄弟姐妹和睦团结，心平气和地说，这样就把他改变了。

对儿女要治化。化：转变。过去那样，现在这样，改变过来就是化。正常情况下，父母可以治化或治理儿女，把他们领上正道。哪个父母不是望子成龙、望女成凤？

现在，有的家庭传统文化失传或断层，不懂这些。很多儿女不听父母的治化就不好办，可能得另寻他法。儿女不用管，全靠德行感，这是一种说法。

3.知五用

五用：《中庸》里讲定、静、安、虑、得。定：意念、志向非常坚定，特别稳定，如如不动。静：镇静不躁。安：安然不乱。这定力不简单，如果不遵守规矩、法度，不戒掉自身毛病，定出不来。定力出不来，不能虑、得。

虑：可以叫静虑，极其冷静。定，心里已经非常有定力了，特别稳定了。到虑、得的时候，完全是一种智慧，进取的境界叫虑得。在这种状态下，我们念念处处都是智慧，思考出来的问题，做的事情往往没有什么差错，达到了气定神闲的境界（或无为）。德者，得也。虑得，是一种得到的得，是我守规守法，达到这种境界，完全是一种智慧的境界，而且是不停止的，向前进发的那种进取、殊胜的境界。这五用《大学》、大同、五伦八德都用得上，哪个都离不开，也是最高境界。

第二章 五伦大道

第一节　圣贤道路

五伦道路，是一条圣贤道路，是正确的做人道路。人人都走上这条道路，做好人、成圣贤，家庭幸福安乐。

一、五伦内涵

“民胞物怀老安为世界造，造国民父子伦夫妇和调，兄弟睦一家好一国能好，好联合好朋友中外友交。”现在，全球很多国家都在学习儒家文化，这是一个特别好的现象。

张载说：“民吾同胞，物吾与也。”全世界的人都是我的同胞，一切物质都是我的朋友。孔子有一个理想：老安少怀。老安，天下老人都得到幸福安乐；少怀，天下的青少年都得到母亲的慈爱。为世界造，造什么？造世界大同。要想实现这些就得学习五伦八德，“兄弟法朋友教民五大道”。

“五教民忠于国为公报效，无君臣分上下国民教学。”这里简单说一下五伦的主要内容：“第一伦国民教尽忠国报，能牺牲为天下大义同胞。”上下级之间要做到上仁下忠。为天下同胞行大义，造大同世界。

“第二伦父子教国民父教，父母为国父母传人道苗。有国家有民族血统老少，少敬老老慈小父子教条。”父子间讲慈孝。

“第三伦夫妇教君子之道，造端乎夫与妇两大根陶。为世界传血统男女之道，故君子求淑女婚配窈窕。父母命媒妁言正婚姻教，教男女夫妇别生好灵苗。而今时男女讲野合情好，好恋爱自由讲情欲难抛。抛正道恋情欲离婚不少，恐世界如此坏劫数难逃。”通过学习五伦八德，我们要纠正错误的思想和行为，建立正确的婚姻观。

“第四伦兄弟教手足悌道，关血统亲兄弟义乃同胞。兄弟伤如手足争吵打闹，伤天理父母寒家道穷苗。人说是吾好交朋友不少，亲手足不相容哪能外交？交朋友如兄弟在家行好，好不了好朋友不与相交。”

“第五伦朋友教在五伦道，道义友天下少酒肉朋摇。人不在患难时无真朋少，同患难同富贵得生死交。交莫送朋友多在世上好，或下台人下乡朋友远了。”我们学习五伦八德，主要围绕这五伦展开讲解，上面是五伦主要内容复述。

二、性、命、心、身四项修为

按儒家文化来讲，性，属于天性，包括三方面：一天性，二秉性，三习性。

天性属于良知，格物致知属于天性范畴，仁、义、礼、智、信是纯天性。我们要改掉不好的脾气，显露纯天性。恨、怨、恼、怒、烦属于秉性，要去除。习性，有好有坏，勤劳节俭是好习惯；吃喝玩乐，甚至杀盗淫妄等不良嗜好是坏习惯，要去除。

命，时代不同，理解不同，主要包括三方面：一天命。古人常讲，我们在道德场、慈善场做事，做道德慈善事业，属于天命，也叫天职。孟子讲：要这么做的话，都能得到天人的爵位。孟子讲的意思就是要把纯正的慈善道德事业做好。

二宿命，宿命其实是一种现实。我们的生存环境，包括现有的能力、知识、地位等现实的生存条件，就是古人说的命。就像一个人有多少智慧、知识，包括钱财、技能等，都属于宿命范畴。

三阴命，像阴天一样，那阴命怎么理解？就是自私自利，一心为自己，只为儿女打算，属于阴命。

还有心，心分为：道心、良心、私心。道心是天然的，其实是天心。良心，我们常讲天理良心，良心就是一种善良的心。贪心，私心，都是不好的。我们想一想就知道什么该留下，什么该去除。

最后说一下身，身也包括三方面：一是道身，二是德身，三是欲身。道身，完全道德化，完全合乎自然，就是天人合一。关于德行、道德，古人是这样讲的：“道者，人之所蹈；德者，人之所得。”道，就是引导，好比走在一条道路上。德，我的理解是指具体的规矩，行为规范准则，做到了就是德，所以叫“得”。

还有仁、义、礼。仁者，人之所亲。亲是什么？就是现在讲的爱，仁爱，大爱无边。仁，国外有个词叫慈悲，翻译成汉语就是仁。义者，人之所宜。义，理所当然的意思，指应该做的事。礼者，人之所体。礼，指人的行为规范。

我们讲道身、德身、欲身，欲望之身和私心欲望必须去掉。但我们的身体需要一定的营养，因为我们要用身子做事。用道心、良心、道身、德身做事，不要私心、欲身。如身体不健康或有病，可适当增加营养，可根据自身情况适当保留些欲望。此外，我们要继承和保留好的性格和习惯。知识、能力、钱财等我们也都需要。

三、一讲、二讲和三力

一讲包括三方面内容：讲报应、讲伦理、讲天人合一。什么是“报应”？打个比方，如果你骂人了，那人肯定不愿意，就得骂你。这是不是报应？我们做善事，就会有善的报应，召来善人帮助。讲伦理，指的是五伦八德或伦常道德。讲天人合一、天性、自然，指的是理性方面。《道德经》里说：“人法地，地法天，天法道，道法自然。”

二讲也包括三方面：讲人道、讲天良、讲高度觉悟。人道，做人之道。天良，天理良心。天理良心就是道，是天道，自然之道。高度觉悟，就是要做觉悟高的人。所以我们应该讲高度觉悟。要争取做品德高尚的人，高尚的品格、高尚的人格，这是我们应当追求的。

接下来讲“三力”：志力、愿力、誓力。从古到今，凡是有出息的人，谁没立过志？谁没发过愿？谁没宣过誓？“志愿誓”这三个字力量特别大。

志力、愿力、誓力，在传统文化中，“志愿”这个词出现的频率很高，“中国人民志愿军”这词多好！这两个字可不一般，如果每个人都能立志发愿，保家卫国，那么这个国家一定国泰民安，一片祥和。

我们学习传统文化五伦八德，是不是也应该立个志，发个愿？或者发誓怎么做？大家知道，入党时都要举行庄严隆重的宣誓仪式。

在1950年的抗美援朝战争中，志愿军得到了解放军全军和中国全国人民的全力支持。2020年10月19日，习近平总书记强调：在新时代继承和弘扬伟大抗美援朝精神，为实现中华民族伟大复兴而奋斗。可见，“志、愿、誓”是弥足珍贵的精神财富。

所以，我们现在无论做何事，都不要害怕后退，而要有胆识、气魄，要立志发愿。如果一个人连志、愿都没有，没有明确的人生目标，就会一事无成。

要想干成一件事，必须立志发愿，得有目标或计划。史书里有太多人都通过立志发愿把事业做成功了。所以，如果没有内在志、愿、誓的力量，就没有压力，没有压力就没有动力，做什么事也不会成功。我们学习伦理道德也一样，一定要立志发愿，把中华优秀传统文化传遍全世界。

另外三力是：信力、稳力、慧力。我们知道五常包括仁、义、礼、智、信。

1.信力

信，是最重要的，没有信什么都做不成。所以我们要诚实守信，有信任力，有信任感。既然喜欢弘扬中华优秀传统文化，那就必须相信中华优秀传统文化的力量。习近平总书记讲要坚定文化自信。如果我们自己都不自信，肯定不行，首先我们要有信力。

2.稳力

稳：稳重，稳稳当当。现在人遇到事情，特别好着急上火，一急考虑问题就不周全，急急忙忙，像被火烧了一样急切，这样容易出问题，所以我们一定要稳稳当当，沉稳有定力。

3.慧力

慧：智慧。智慧怎么培养？我们学习伦理道德，伦理道德本身就是智慧，但必须通过自己学习，大力践行，才能产生智慧。如果做不到，产生不了智慧。

所以我们学习五伦八德，并通过实践得到我们应得的智慧，处理问题时就会得心应手、游刃有余。

四、心怀感恩

1.感恩天地、圣贤、祖先的德行

古人讲：“气之轻清上浮者为天，气之重浊下凝者为地。”天地是一个自然体，天地间有万物，我们生存在天地间，万物养活我们。国家治理环境，是为了维持生态平衡。

有些动物不能随便杀害，它们是自然界的一部分。杀掉它们，会破坏生态平衡，不利于我们的生存发展。所以，我们要保护它们，保护自然。国家公布一些生物不允许捕杀，这非常好！它们是我们生活环境中的一部分，所以，我们生存在天地间，应该感恩天地，感恩自然。

古圣先贤都是品德高尚、特别有智慧的人。中华优秀传统文化是一代代圣贤传承下来的，没有他们，我们的家庭、社会也会受到影响，所以，我们要感恩圣贤的恩德。

感恩天地、圣贤德行的同时，更不要忘记祖先。学习、践行、弘扬中华优秀传统文化，是继承祖先的事业。传统文化是代代相传下来的，我们的列祖列宗都是在五伦这条道路上走过来的，我们生存在天地、圣贤、祖先的德行中。

天地、圣贤、祖先，都有德行，没有他们的德行就没有我们，所以我们应当继承这种德行，并将其发扬光大。感恩天地、圣贤、祖先的德行，这是恩德。

2. 感恩历代伟人美好的言行

历史上有很多伟大人物，包括英雄豪杰、忠臣孝子，他们都有美好的言行载入史册。我们看一看《左传》《二十四史》《史记》，还有《资治通鉴》《续资治通鉴》《清史稿》《民国史稿》，伟大人物做了那么多善事，留下那么多有教育意义的言语。古人讲："立德，立功，立言。"这些伟大人物给我们留下的美好言行是无价之宝，我们要感恩。

3. 感恩如今仍在践行五伦的人们

这是中华优秀传统文化的承接，国内外好多人都在学习践行。还有很多义工、志愿者，都在学习中华优秀传统文化，我们要感恩这些人。他们传播正能量，践行五伦八德，让更多人受益，我们要心怀感恩。

五、道心合一

1. 追溯宇宙的根本

我过去常常探讨这问题，宇宙的根本是什么？大家也在研究，我们研究传统文化就明白了，这个宇宙的根本是"道"，翻译过来就是自然法则或自然规律。

整个宇宙的根本就是道。宇宙有多大，道就有多大。打个

比方，道好比一块布，能把整个宇宙包裹起来。道无处不在，真理摸不着、看不见。宇宙的根本就是真理，我们必须知道。

如果这些都不讲，讲五伦的时候就非常不好理解。不仅不好理解，还不重视，关键还容易把五伦庸俗化了，根本不把它当回事，不照着去做，这是最可惜，也是最可悲的！

2. 寻找做人的源头

中华典籍浩如烟海，头绪在哪里？事情纷繁复杂，我们要找到源头。好比一团乱麻，本来两个头，找不到时怎么办？能不能剪断？如果剪断，到处是头，乱套了。用老话说，这不成乱麻秧子了吗？所以我们得找源头，找不到根本，学习五伦八德会很费力、很麻烦。

源头是什么？源头是心，我们的心灵。一个是道，另一个是心，最后一个问题就解决了，道心合一即可。

3. 道心合一

这里有一个问题，是让道适合人心，还是让心适合道？道是真理、自然法则或自然规律，而我们的心经常是摇摆不定的。不要让道适应心，而要让心适应道，不要搞反了。做人就要用心去学习五伦大道，践行五伦大道，因为它是大道真理。

现在道是道，人是人，五伦是五伦，人与道脱离了。五伦这光明大道不走，却偏要走小道，结果掉到泥坑里走不动了。

《中庸》中讲到：“道也者，不可须臾离也，可离，非道也。”凡是真理或原则，都是片刻不可以背离的；如果可有丝毫背离而无咎，那就不是真理或原则。所以明道之人于不闻不睹之地仍时刻保持四勿慎独，克己复礼。

宇宙的根本、做人的源头都找到了。道心合一，按照五伦做就可以了。这样我们就会实现三个目标：身心健康，家庭和睦，品德提高。

第二节 《大学》中的四种境界

《大学》中讲的志、意、心、身，也就是我们所说的八条目，分别是：格物，致知，诚意，正心，修身，齐家，治国，平天下。三纲领是：大学之道，在明明德，在亲民，在止于至善。这是我们常说的三纲领八条目。

一、志、意、心、身

简单分析一下，这个志、意、心、身，就像是四种不同的境界。

志：如如不动，志向远大，立场使命。我们立志，这好比是第一的，最高级的。不少人学习致良知，其实就是格物致知。物，物质。古人讲："格除物蔽，至臻达知。"这就是我们讲的

天性——天然之性。

意：常乐无忧，乐于助人，合作共赢，不计得失。意，意念、意诚。

心：心思端正，多思多虑，贪得无厌，使奸耍滑，私欲无度。

身：是由物质构成的，我们不能为名为利，争贪搅扰，花天酒地，流连忘返。

对这四种境界，不能只单纯理解，而要在心思端正时理解清楚，不要有偏差。

1. 从时代上看，有太古时期、尧舜时期、商周时期、秦朝时期

不同时代对人的态度不同：托举人，爱护人，贬低人，欺负人。

太古时期，指的是上古。太古的格物致知，属于古人讲的天性的境界，天人合一的境界。能把不太显眼的人托起来。

尧舜时期，属于意的境界，不一定能把人都托起来，但关心爱护人。

商周时期，降级为心的境界，贬低、贬斥人或不贤良的人。

秦朝时期，不关心人，欺负人，不拿人当回事。

2. 从钱财上来看，有散财、聚财、敛财、败财

太古时期的人，把钱都散了，谁花都行，好像没有自己的钱财。尧舜时期，能聚财，擅于聚财，很容易就把财产聚起

来了。商周时期，敛财，施舍得很少。秦朝时期，挥霍钱财，败财。

3.从心态上来看，有无心、清心、操心、糟心

志向远大的人无心，一般事不在乎，不放在心上，不顽固、不死板，非常灵活，就像没有心似的，一心不挂，忧愁悲伤都没有。意界的人清心，心比较清静，不杂乱无章。心界的人往往好怨恨人，好生气，家里好多事情办不好，处理不得当，特别不顺心。人们常说有操不完的心，事情很多。其实真正按五伦八德行道的人，往往只是费心，不一定操心，没有痛苦。操心有累，有痛苦在其中。身界的人糟心，儿女不听话，夫妻不和睦，父子间有问题。

4.从行为上来看，有领、让、怨、管

志界的人善于引领、引导人。意界的人，不善于领，但能忍让、谦让，有好事不争。拿财产来说，兄弟间能做到让产，不争产。心界的人和身界的人，不是怨就是管，天天管着你，控制你，让你不能离开他的视线，你说苦难不苦难？犯愁不犯愁？糟糕不糟糕？每天怨恨生气，说这不对，那不对，就自己对。

5.从力量上来看，有创造、维护、搅乱、破坏

志界人有创造性，能利万事万物，能创新。像好多科学家、艺术家等，创造出好的产品。意界人没有创造性，但有维护的能力，能维持现状，保持现状，保持得挺好。心界人，既不能

创造，也不能维护，但能搅乱。比方说，家里各方面都很顺当、和睦，但可能因为心界人说几句话、做点事就把家里搞乱套了。心界人有干扰你，打扰你，不让你得好的心态。身界人，境界更低了，只起破坏作用。

6. 从情上来讲，有真情、淡情、牵情、黏情

真情，就像无情一样，但不是没有情义了，而是随顺自然，没有任何的累，随心所欲的样子，没有执着。古人讲无为的境界，就是真情的境界。淡情，君子之交淡如水，比较淡，但这个境界也挺高。牵情，互相之间牵肠挂肚。像儿女天天牵挂父母，父母天天牵挂儿女。牵挂未必不对，重点得去做。不做，天天在心里想，就是牵情。黏情，就是黏黏糊糊，互相牵伴、纠葛。

7. 从夫妻关系上来讲，有感恩、感义、感情，最后是感冤

夫妻之间的最高境界是感恩。互相感恩，没有一点抱怨，没有任何冲突。意的境界是感义，恩德情义，这感的是义，讲究的是义礼。中国古代，夫妻间讲究互相关心，互相尊重。你必须为我服务，你不关心我了，不爱我了等，这都是出了问题。身界方面是感冤，互相仇恨。就像一对夫妻很黏情，互相非常在乎，一天晚上不回来都不行。过去常常发生这样的事，丈夫或妻子出门，妻子或丈夫在后面盯梢，看上哪儿去了，一点儿都不放心，这都是感情感冤的问题，不可取。

8.从事情上来看，有真事、好事、假事、坏事

我们要做真事、好事，不做假事、坏事。要是用心计做事，往往是假的。用身子做事，身子是个物质的东西，往往会把事做坏。

9.从人际方面上看，有成人、助人、累人、欺人

志界的人成就你，成人达己。像人们常说的："我能成全你。"意界的人能帮助你，但不一定成功。心界人帮你，结果净给你添累赘。比如夫妻间，妻子劳作，丈夫帮倒忙，还不如不帮，不但没干好，还把东西损坏了，妻子得重新干一遍，所以说累人。身界人欺负人，欺压人，不让人家得好。

从商周始，贬低人、欺负人，敛财、败财，操心、糟心，怨人、管人，搅乱、破坏，牵情、黏情，感情、感冤，假、坏，累人、欺人，这些都不要。

当然还有一些就不说了，我们主要看这几方面。志、意、心、身，跟《大学》讲的格物致知、诚意、正心、修身、齐家、治国、平天下一样，这是四级。

第一级：志界，如如不动。古人讲的我们得变通一下，啥叫如如不动？其实就是我们的心不乱动，要有定力。之前讲稳重，不要像心长草了似的，这叫如如不动。

志向远大，历史上有成就的人，谁没有远大志向？一定要把愚痴的、不贤良的人托起来。"立场使命"啥意思？立场，过去指道德场，现在指课堂。表达不同，意思相同。

使命，古人讲：“不知命，无以为君子。”君子，善良的人。我们都有各自的使命，古人讲使命，竭尽天职，竭尽我们的责任，这不就是使命吗？现在讲传统文化，线上线下都有课堂，大力宣传社会主义核心价值观和五伦八德，这不就是我们的志向吗？让家家和睦，社会和谐。

第二级：意界，长乐无忧。知足常乐，好知足，满足现状，还能帮助人。乐善好施，乐于助人，和所有人在一起都不排斥，能够共融，能包容，有大义。不计较得失，像工资、奖金、家里财产，从不计较多了或少了。

第三级：心界，多思多虑，整天忧愁悲伤，贪心重，贪得无厌。做事偷奸耍滑，拈轻怕重，有活儿躲到一边，等大家都干完了再出来。还特别会说，特别滑，这种状态的人，私心欲望没有止境，整天只为自己和家人考虑。这样的人我们也不能不和他相处，而应该帮助他，教育他。我们成人，助人，就是要帮助这些人。

第四级：身界，为名为利，整天为名利打算盘。考虑自己能不能得到好名声、好名誉、好利益，一切好事都要得到，每天算计，争贪搅扰。凡是能争来的，我就去争，凡是能贪占来的，我就去贪占。搅，你不是做好事吗？我给你搅一搅，让你做不成。扰，干扰你，不让你做善事。这就是争贪搅扰。还有花天酒地，最后流连忘返，这就是走下坡路，成为坏人了。

二、孝是根本

万教以人为本。我们国家提出：人民至上。古人讲：“天地人三才，以人为贵。”我们重视人，就是重视自己。《道德经》中讲：“域中有四大，而人居其一焉。”可见，人特别重要。

再说这个道，天道、五伦大道，道属于自然法则。何谓天道？日月星辰运行的自然规律和法则。现在将五伦单独提出来，不混在天道里。五伦大道，伦常道德或伦理道德，是大同世界运行的自然法则，跟古人讲的道理一样。

再讲讲这个孝。孝，是万教产生的根本。夫孝，教之所由生也。万教，万种教育，很多种教育。孝是根本，我们现在就求这个孝。我们接下来还会讲很多。“六亲不和有孝慈”，《道德经》里有这样的话。孝为戒之本，过去家法有作为惩戒的戒尺、戒法。

《大学》《礼记·大同篇》《中庸》等儒家经典著作，里面都有阐述五伦相关内容。两千多年来，我们中华民族都在为实现世界大同而不懈奋斗。

我们知道，《中庸》里讲的五伦八德是中道。所谓“中庸”就是不偏不倚，像孔子讲的“过犹不及”，你超过一点儿或是达不到都不是中庸，这是我们学习中华优秀传统文化最重要的一点。

第三节　行五伦的重要性

一、五伦于人如定海神针

《西游记》中讲，东海里有个定海神针，其实是一样的，我们家庭里若没有五伦，尤其是没有父慈子孝、夫义妇顺、兄友弟恭，家庭真的会天翻地覆，不堪设想。就像马路上开车的人没有驾驶证，都是马路杀手。做人也一样，必须用五伦八德来规范自己，所以说，五伦于人就是定海神针。

二、五伦是超越时空的道

五伦是超越时空的自然法则，或曰自然规律，它不受时间、空间限制，这是古老和常新一体并存的文化，时时都能用上。我们中华民族，乃至全人类，只要有人存在，这种自然规律就存在，永远不过时。

不往远说，孔夫子生活的时代，距今两千五百多年，哪一家不用五伦？哪一国不用五伦？都得用。所以说时间、空间无法限制“道”，甚至说“道”在某些方面是超越科学的，大家知道有些定律到一定时空点就过时了，因为事物是向前发展的，但道是长存的，没有时间限制。

三、五伦是传统文化的纲领

我们都知道传统文化有三支力量——儒家、道家、释家。这三家文化非常博大精深，但我们要知道，继承优秀的传统文化，“五伦”是纲领。哪一家都离不开伦理道德，换句话说，哪一家从本质上，讲的都是伦理道德，而且是最基础的东西。它既是牢固的基础，又能建造高楼大厦，所以五伦是传统文化的纲领。

四、行五伦力求与五伦同步

我们学习五伦八德，在践行五伦八德的时候，要力求与五伦同步。如果不同步，没有做修身齐家、贤良忠孝的榜样，家人、朋友都不信服。达不到贤孝的境界，就不能引导和教育人，所以我们要力求与其同步。

五、行五伦力求无为而不有为

这是古今非常重要的一个题目，什么叫无为？什么叫有为呢？无为就是不违背五伦八德。违背五伦八德就叫有为。所以我们行五伦力求做到无为，无为是一种高度自觉。如果我们都达到这种境界，即“高度自觉、天人合一”，那人与人之间的矛盾就少了。

现在有好多矛盾，尤其家庭矛盾的核心，就是因为伦理道德失传或断层，所以我们要力求达到无为而不有为。

六、五伦是原始天然的道

从有人的时候开始就有五伦。五伦是自然法则，自然科学、社会科学都包含在内。那你说动物世界有没有五伦？母亲对孩子的爱护是不是？关心爱护也是母慈，是不是有这一伦？一对天鹅是不是也是夫妻？天鹅生下的小天鹅们是不是也是兄弟姐妹？动物世界也有五伦，虽一般都不全，但起码有两三伦。

自从有人类就有五伦道，这是原始的、天然的道。什么叫天然的？就像种庄稼不施化肥和农药，纯天然绿色的，对人体没有伤害。我们行五伦也是这样，任何人为的思想都不要掺杂。如果人为的思想干预了，那就不是天然的了。五伦是一种自然的道法纲常，如果不按自然规律去做，长时间违背，会受到自然的惩罚。

七、五伦是直接、切身、平常的道

“直”就是不拐弯抹角，我要去北京不能先绕到美国再去，也不能先到俄罗斯再去，我们从大庆到北京，有近路可走何必绕弯？学五伦就是走最直接的路。

最切身的道，我们哪个人能离开五伦？没有父慈子孝、家庭的温暖和爱，人怎么生存？“最切身”的意思是谁都离不开，是我的切身利益，和我息息相关。我们每天行在五伦中，却不知道五伦的存在。就像鱼天天在水里游，根本不知道水的存在。但鱼一离开水就活不了。

五伦是切身、平常的道，一点儿稀奇古怪事都没有。就像我们平常吃大米、白面，喝水一样，都是家常便饭。行五伦，就是按照五伦道，做平平常常的人，做平平常常的事，这就很了不起了。

八、五伦是天然的圆规点、矩尺点

用圆规画圆、矩尺画方时，要找到固定点。如果没有这个点，圆不像圆，方不成方，也就没有方圆了。

五伦大道也是如此，它是我们做人的圆规点、矩尺点。离开这个点，就等于失去了方圆，我们想想是不是很重要？五伦是圆规点、矩尺点的作用就在这。

九、五伦是与人、家、国、世界合成一体的道

大家想一想，人要行五伦道，那么和家、国、世界是不是连在一起了？从世界来讲，哪个国家能离开这五伦？哪个家庭

能离开五伦？哪个人能离开五伦？

人是高级动物，和动物、飞禽不一样。禽兽有的会说话，有的能使用工具，但它毕竟是禽兽，不是人。人和动物的区别就在于有没有“礼”。你看鹦鹉，人教它，它会说话，你看猩猩、猴子会使用工具，但它们没有“礼”。

礼，是做人的行为规范，也是伦理道德的具体内容之一。飞禽走兽能共妻，能乱伦，但人决不能共妻、乱伦，这就是人和动物的区别。

五伦是做人必须要走的道，只要有人、有家庭、有国家、有世界就都得用五伦，所以五伦是与人、家、国、世界合成一体的道。

十、五伦是中道水平尺

中道，指中庸，不偏不倚，不偏不倚就像时钟，正好12点，那就是中庸，差一秒都不是中庸。那么，水平尺是不是中间有个泡？那个泡在不在正中间？我目测正好在中间。行五伦就是这样，必须保证不偏不倚。

十一、五伦的历史是人类的基本历史

我们翻看中华典籍，像《二十四史》《资治通鉴》《续资治通鉴》《中国通史》《清史稿》《民国史稿》等，就会知道，那里处处讲的都是五伦，关于为国尽忠、孝道、慈道讲得特别多。

记录历史更迭发展过程的典籍，也都记载着与五伦相关的事情，当然还有其他科技、天文、地理等方面的内容，但往往都没有离开五伦。像《礼记》《史记》以及《资治通鉴》等，五伦的成分特别多，可以说写的都是五伦的历史。

十二、五伦是人与人之间的道德关系

单讲五伦，五伦是人与人之间的关系。总觉得欠缺点儿啥，不如加上“道德关系”，五伦是人与人之间的道德关系，包括第一伦国民品德教育，第二伦父子品德教育，第三伦夫妻品德教育，第四伦兄弟品德教育，第五伦朋友品德教育。人与人之间的关系有道德关系，也有非道德关系，我们现在就是用道德来扶正、修正非道德关系。

十三、没有五伦就没有人

没有五伦哪有人了？人存在就要按五伦去做，这点大家应该明白。人有人道，人有人的生存规律，飞禽走兽有飞禽走兽的道，也有它们的生存规律。五伦是我们的人道，人应该走的道。没有这条道，人就没有了。五伦存在才有人，没有五伦就

没有人，因为做人的道没有了。

十四、五伦是人的本分、责任、义务和岗位

提到本分，大家会想到责无旁贷，必须去做。自己的本分，不存在讨价还价的问题。责任，必须去做。义务，更不能讲价钱。

五伦道德岗位是每个人的处所。也许有人会说，既然是我们的本分、责任、义务，那就不能谈钱了。这是两码事，为国尽忠的同时，我们也得生存。你生产粮食，我生产白菜，互相交换，这是最本质的东西，不一定图挣钱。

从古至今，哪有种地国家还给钱的？现在政策越来越好。国家支持农业发展，农民种地给补贴款。医疗体系也完善了很多，实现了部分疾病可以免费治疗。

过去好多仁人志士，为了民族解放，为了民族大义，舍身家、忘性命，谁考虑工资问题了？根本不计较得失。

国家有难时，好多人自觉掏腰包支援灾区，都把它看成自己的本分、责任和义务。

我们赚钱养家糊口，得从两方面说：首先，守住我们的本分、责任、义务的底线，在自己的岗位上好好做。其次，赚钱之后，养活我们的国民，儿女不也是国民吗？

十五、五伦是人的命根子

中华优秀传统文化是中华民族的根和魂，命根子就是这个意思。中华优秀传统文化是我们的灵魂，没有中华优秀传统文化，就像树没有根。大树没有根是不是不能生存了？就像人没有父母，将无法存在。

第三章　五伦孝为先

北宋大儒张载有言：“为天地立心，为生民立命，为往圣继绝学，为万世开太平。”这句话最能表现儒者的襟怀，也能开显儒者的器识与宏愿，可以说是人类教育最高的向往。

我20多岁时看见这句话，感觉非常好，但觉得前面缺少主语。经过这些年的思考，再加上本人一直宣传和落实伦理道德，头脑中就有了答案：在前面加上“五伦”——五伦为天地立心，为生民立命，为往圣继绝学，为万世开太平。

五伦，为天地立心。五伦，包含道德理念、八德十义等这些都得往五伦道德岗位上落实。五伦中人与人之间的关系非常复杂，简称五伦道德关系。

我们实行五伦八德，孝悌忠信，孝顺慈良和睦，男女都这么做，是不是身心健康、家庭和睦？如果按五伦八德去做，人人修身，家家家齐，你说是不是太平？如果我们一贯地坚持下去，是不是万世太平？

如何行孝？

（1）身心性志；

（2）慎终追远；

（3）厚养薄葬；

（4）有钱无钱；

（5）在家远游；

（6）有病无病。

五伦是一个做人的模式，课程设置借鉴了古人的智慧。古人说："求其上者得其中，求其中者得其下。"人都想得到最好的东西，我虽本身没有达到这种境界，但力求达到这种境界。毕竟人外有人、天外有天，大家可以互学互鉴。我绞尽脑汁探讨理论和实践内容，最终在2007年左右，形成了这套模式，将课程设计到最高级，超过了上，哪怕现在实现不了，起码能得个上。

第一节　身心性志

古代经典里常提到二十四孝，这是中华民族孝道的传承。首先说孝老人的性，性指性格。老人有老人的性格，儿女有儿女的性格。孝性，就是勿使动性，不惹老人生气，这恐怕很难。怎么做能不惹老人生气、让老人身心健康？

现在最难处理的是父子关系和婆媳关系。我在海伦市讲课，下课时跟老人唠嗑，我问老人："咋这么怕儿媳妇？"老人说："儿子在家里说了不算，儿媳妇说了算。儿媳妇一瞪眼睛，我们

吓得直哆嗦。”我问：“都这样了吗？”老人说：“是这样啊。吃饭时，儿媳妇不上桌，我们都不敢上桌。”我说：“那你这主权彻底丢了啊？”她说：“不敢要啊！”这都是偷着跟我说的，不敢当儿媳妇面说。你看看这些现象，老人多难！

在古代或我们看的古装剧中，儿女给父母请安，或有些事请父母定夺。看父母的面容时，儿女都得仰脖看，那种敬仰之情显而易见，对不对？儿女说话做事都得看老人脸色。老人要是高兴、笑盈盈的，你说点儿啥都行。如果老人脸色不好看，你敢说话吗？

现在反过来了，当公公婆婆的，得仰头看儿媳妇。要是脸色不对劲，老人都不知道怎么办好了，为什么儿媳妇又生气了？老两口得经常研究儿媳妇，因为研究儿媳妇为啥生气，老两口都干起来了，千万不能惹儿媳妇，那还了得！现在的公婆哪有胆量跟儿媳妇说不好听的话？儿媳妇要是听到了，那就如母老虎一般，特别恐怖啊！

还不惹老人生气，谁惹谁生气啊？谁惯着谁呀？是不是现在经常能听到这样的事，非常可怕。邹家家训有言：“孝生前孝殁后孝死如生。”意思是说儿女对待老人，即使死后也要像在世时一样孝敬，时刻不忘父母、祖先恩德。现在呢，能做到不惹老人生气都难了！

祖先有德行，即使老人去世了，他们留下的美德，我们也要继承。对待老人，应该研究怎么不让他生气，天天乐乐呵呵的，这很有难度。所以我们得经常研究，探讨。老人的脾气秉性，我们是不是得掌握？不掌握就不了解老人，肯定会惹老人生气，这样就谈不上孝。

孝心就是同其好恶，老人喜欢的我就喜欢，老人不喜欢的我就不喜欢。我年轻时，有一次没随顺老人的心，父母给我买了一条裤子，我嫌瘦没穿。后来学习古代文化、祖宗的家训才知道要同其好恶。我没做到同其好恶。

按理说，老人给我买裤子，不管能不能穿，要乐呵接过来，这是顺老人的心。我当时就没顺，后来明白了，为此自己做了深刻检讨。老人多不容易，那年代条件不好，吃饭都困难，给你买一条裤子，你还嫌瘦。

后来我想：老人对儿女那么慈爱，当儿女的却不理解老人的心。我当时就应该说："这裤子真好，我太喜欢了！"不好也说好，然后乐呵拿走。如果自己不穿，给别人穿也行啊！不能伤老人的心，这是最重要的。

孝身。对待父母，勿使饥寒劳。饥：饿。寒：冷。劳：辛苦或劳累。孝敬父母既不能惹父母生气，又要顺从父母的心意。在身体方面，不能让老人饿着。人老了和年轻人不一样，在古代，老人除了正常吃饭，还要吃点儿零食。岁数大了，消化功能减弱，每顿饭吃得少，需要少食多餐，不能让老人饿着。在北方，天气寒冷时，不要冻着老人；在南方，天气炎热时，不要热着老人，这里都包括了。还有不能过度劳动，累着老人。

就孝身来说，供养老人吃喝可能不成问题，但有些老人吃喝也存在问题。

孝志。志：志向。我的父辈和祖辈，过去都办过传统文化课堂，像过去的慈善会、道德会。老人希望子孙也能这样做，我们觉得这件事很好，应当继承下来。这有益于家庭和社会，是件利国利民的大好事，我们应该多做。老人行善，我们也行善，老人的愿望和志向，我们要去实现，这就是孝志。

孝智。孝敬老人要有智慧。这里不是指老人要有智慧，是指当儿女的要有智慧。老人生气或不愿意时，我们要想办法不让老人生气或同意，不让老人费心血，这就是有智慧。

在一个家庭里，老人和儿女之间，属于前辈和晚辈的关系。老人是一家之主，儿媳妇应该听从婆婆安排。如果儿媳妇不明理，便擅自决定，随便做，不跟婆婆说了，婆婆可能会不乐意。婆婆之前是谦让一下，儿媳妇要明白婆婆只是委婉地让一让，不伤情。儿媳妇如果不按婆婆的意思做，婆婆肯定会生气，这就是没有智慧。

例如：孝顺的儿媳妇每当做饭时，都会问婆婆："妈，咱们中午吃什么饭？"婆婆明理，会说："儿媳妇，你看着做吧。"明理的儿媳妇得说："妈，还是您老人家说吧，您老人家说做什么我就做什么。"

如果婆婆说："中午吃米饭，炒土豆片。"那儿媳妇就说："好的，妈！"然后乐呵去做。一出门，碰上大伯哥。大伯哥说：

“咱们中午烙饼吧。”

这当兄弟媳妇的就得考虑，大伯哥让烙饼怎么办？这饼是烙，还是不烙呢？有人说，干脆做两样饭，大米饭也做，饼也烙，不就完了吗？吃饭的时候，你把大米饭、土豆片，还有饼都拿上来了。婆婆一看，咱们不是说做大米饭、炒土豆片吗？怎么还有饼呢？儿媳妇怎么说？“妈，我大哥说要烙饼。”这句话说出口，婆婆怎么想？大伯哥怎么想？婆婆肯定会生气，生气你这儿媳妇不听话。有的婆婆可能会说：“这事你不应该这么做啊！”你说大伯哥让烙饼，婆婆究竟是对大伯哥有想法，还是对你有想法呢？既把婆婆得罪了，又把大伯哥得罪了。

如果当初大伯哥让烙饼，你会当兄弟媳妇，就说：“大哥，我刚从妈那屋出来，妈说做大米饭、炒土豆片，你说烙饼，不行咱去问问妈？”你看这多好！大伯哥一寻思：妈说做大米饭，炒土豆片，那就按妈说的做吧。这问题就解决了，谁也没得罪，这不就是智慧吗？我们讲的孝智，就是这方面的智慧。

孝顺父母什么最难？子曰：“色难。”古今都主张，对待老人要和颜悦色，尊敬顺从。古人讲：不敬何以为孝？敬顺特别重要。如果不敬不顺，给老人吃得再好，穿得再好，老人也不开心。

我们夫妻常去外面讲课，路上碰到好多儿女领着老人旅游。有时闲着没事一起唠家常，老人说累得够呛，还吃不惯，以后再也不去旅游了。净听儿女的了，出来一趟净生气了。

儿女说父母不会生活、不会享受等。你看，这就不是孝念了。领着老人去旅游本来是件快乐的事，可老人净生气、着急、上火了。这就是没有顺老人的心，老人不高兴了。

有的老人很节俭，把还能用的东西都留起来，儿女却给扔了。老人觉得可惜，气儿女不知节俭。

不惹老人生气，或少惹老人生气，不让老人着急、上火。我们要怎么做呢？就是不要逆着父母的心做事，他们让上东，我们偏上西，什么事都不随老人心，那就错了。

还有吃喝穿戴，老人节俭错了吗？肯定没错。穿衣戴帽多数老人会选择颜色淡雅，价格比较便宜的。儿女却喜欢给老人穿得光鲜亮丽，好给自己长脸，老人往往不愿意。儿女给我们买穿的，买吃的，你说孝顺不孝顺？尽可能顺着老人心，应该算孝顺。

十多年前，我的家庭不算富裕，工资都用在办学堂、出门讲课的往返路费上。孩子寻思给买点好衣服穿，出门好看，认为我们该享受一下了。

2011年去海南、广东讲课。俩姑娘背着我，跟我妻子合计好，就把东西买回来了，让我穿上试试。我一试鞋挺合适，问多少钱？姑娘说："三十多块钱。"裤子穿上也挺合适，我问多少钱？姑娘说也三十多块钱，我说三十多块钱还可以，留着穿吧。两条裤子、一双皮鞋，还有上衣。南方热，没买太多衣服，穿上挺好就出门了，细情我也没问。

过了好几年，我想起来这事，问我妻子到底花了多少钱？她说："你不知道吗？鞋三百多，裤子三百多。"我说不知道啊！我要知道的话不能让她们买，太贵了！妻子说："哎呀，你可别说了，不买，孩子不同意，你别跟孩子说了。"我说行吧，但以后再买不行了，太贵了，买几十块钱便宜些的，穿一穿就完了，可不能花这么多钱。有钱往传统文化课堂上用，不能花在吃喝穿戴上，但孩子看不下去，会经常给我们买。

后来我忍不住跟孩子说了，孩子当面没不愿意，但心里不愿意了。俩姑娘去其他屋，说话声大，我寻思她俩吵架了，就在门口听了听。她俩说："爸和妈这么大岁数，也没穿过啥，老了想打扮打扮他俩还不愿意，以后不给他们买了。"

我一听这下坏了，以后不给买了。买吃的嫌贵，买穿的嫌贵，你说儿女想要尽点孝道，老人这不愿意，那不愿意，是不是错了？儿女尽孝的机会都被老人搞没了，老人不应该阻挡儿女尽孝道啊！我这才知道自己错了。

之后，儿女买啥要啥。最初我还轻不溜地说，不要买太贵的，后来也不怎么说了，再后来就鼓励。问好不好吃？就说好吃！问鞋、衣服好不好？就说好。越说好越买，孩子一片孝心，我们不好拒绝。后来我们想出办法了，衣服买多了，穿不过来，就送亲戚朋友或捐出去。儿女有心老人就收着，乐呵地，不挺好吗？这里既有孝身，也有孝心，同时还有孝性。

第二节　慎终追远

《论语》中说："慎终追远，民德归厚矣。"慎终追远是中华民族的传统美德，传承几千年。慎终追远，意思就是：谨慎地对待父母临终前的事宜，好好尽孝念；同时也要按节令、按时祭祀祖先，记住祖先的德行，继承并发扬下去。

父母临终时，包括临终前这段时间，该怎么做呢？我简单回顾一下：我在农村长大，10多岁的时候，看到有人到了30多岁就开始陆续准备去世用的冥器、棺材、衣服……年年都得添置。我20岁之后，这种现象就少了，后来几乎没有了。

我看史书，尤其是《礼记》，里面记载的古代的婚丧礼仪很复杂，当时我想真是繁文缛节。后来，通过多次学习探讨四书五经，我找到了原因，他们为什么30多岁就准备去世所需物品呢？老人每年添几件衣服，添几块棺材板，盆盆罐罐的，这是在提示儿女，父母已经老了，儿女要及时行孝。如果不准备这些，我们可能意识不到老人已经老了，要赶快尽孝。

不过《礼记》中的部分内容我们真得琢磨琢磨，到底是否采用要根据现实情况而定，不应一概全抛。都抛弃了，可能连礼仪都没有了。

我们作为现代人得高度提醒自己，警告自己，父母岁数一天比一天大，儿女应当及时行孝。我们一定要经常把老人放在心上，随时随地行孝道，尽孝念。

无论古代，还是现代，有一点是一样的。如果孩子工作太忙，父母生病，但凡不是特别严重，都不告诉儿女，父母慈爱就在这里。一旦告诉儿女，说明病得不轻，所以当父母病重时，儿女都应该回去。

现在好多父母没有这种待遇了，父母病重儿女回不来。我年轻时，在工作岗位上没少听过这样的话。同事接打电话有时就能听到，哥哥说："母亲病重了，赶快回来吧！"同事说："哥哥呀，咱妈病得挺严重，是吗？"哥哥说："是啊，挺严重的。"这时他就犹豫了，我们都能看出来。同事说："可我工作太忙，回不去呀！"其实他工作不算忙，完全可以请下来假，可他就不愿意请假。同事说："大哥，工作太忙，请不下来假呀，这咋整呢？忠孝不能两全啊，我回不去了。"其实不是回不去，说忠孝不能两全也都是借口，这种现象可多了。

古代有一个说法：老人病重或去世了，单位给假（有的辞官，或丁忧，或守丧）。父母过世，可回家守孝三年。让你没有理由不回去，别说什么"忠孝不能两全"。

老人临终或病重时，都会想念亲人。夫妻间就更不用说了，特别是姑娘，儿子、儿媳妇、孙子，兄弟姐妹，他想的是亲人都守在跟前才好呢。

现在有多少儿女能在父母临终前回去看望？有的儿女确实是为国家尽忠，工作很忙，脱不开身，老人在这方面不会有太

多要求。有些事业确实离不开岗位。

咱说的是普遍现象，普通人完全有机会尽孝。儿女回去后，有的还惦记着工作，心里着急，盼着老人赶快好。老人也着急，寻思我这病咋还不好，儿女都回来了，一直不好，儿女就得耽误工作，还有来回路费等，老人想得很多。所以说有不少老人都学会这一招了，好像不用学都知道，说我这病啥事没有，回来看看就得了，回去吧。

其实他说的都是违心话，虽然惦念儿女工作忙，家里事多，但心里想最好别走，天天守着自己，一分一秒不离开我才好呢。我们可以体察老人心确实如此。

我们夫妻俩现在也是70岁的人了，身体还算硬朗。有时身体不舒服，有点难受的时候就想，妻子或丈夫、儿女来看看我，在跟前照顾照顾我多好！这是拿人心比自心，是一样的道理。

老人临终或病重时，没有不想亲人的。所以我们作为亲人，要尽可能守在老人身旁。首先，饮食起居我们能照料。其次，老人临终能闭上眼睛，有什么话能嘱咐一番，这时守在身旁尽孝很重要。

百善孝为先，一个人能尽孝道就不会亏待朋友，我们跟孝子打交道会很有安全感。过去连土匪都会对孝子网开一面，可见孝顺是最大的事情，五伦中“孝”是最重要的问题。所以这里必须说一句，我们讲五伦，或讲伦理道德，其实都是在讲一个“孝”字。

有多少人在父母临终前，没能守在身边。用古代文化说，老人是抱恨终天，或者说父子情伤。最后一面没能见到，亲人会感到愧疚，老人会心里含恨！最后时刻，人生的终结，我们要守在父母身边，这样他们才会安心，走得安详，这一点特别重要。

我们自古有这样的传统，出生时全家都高兴；离开时，虽是悲哀之事，也要让老人安心，最后时刻，亲戚朋友送上一程，礼节非常周全。

有多少儿女用“忠孝不能两全”来搪塞，父母病重，根本不到身边照顾，你说这是什么德行？古人讲，在家里不行孝悌，在外行善，其实是悖德，不是真善！真善，首先是在家里行的。对父母、兄弟、夫妻、儿女好，再对别人好，那才是真善。

革命先烈为国家、为民族抛头颅、洒热血，那是另一回事。现在是和平年代，有各种法定节假日、探亲假、独生子女陪护假等，如果老人还这样痛苦孤独地去世，我们做何感想？

父母也是祖先，最初级的祖先，然后是爷爷奶奶、太爷太奶依次向上排列。国家规定清明节放假，有什么意义呢？让我们怀念先人的德行，这是民德归厚的根本之一。清明节缅怀、继承、发扬先人的美德，这也是对中华优秀传统文化的一种传承。

第三节　厚养薄葬

我们国家倡导婚丧嫁娶不要大操大办，确实是英明的决策。铺张浪费不仅会消耗福报，也是陋习。父母辛辛苦苦挣了半辈子钱，都给儿女结婚用了，有的还负债买房买车，不知什么时候能还上。

我们主张父母在世时，好好地对待父母，奉养敬顺父母，在吃的、喝的、穿的，包括心灵、性格、志愿等方面，尽量满足父母需求。

《论语》里讲“二十四孝”，第一孝是大舜。大舜拿整个天下来孝敬父母。我们做不到大舜那样，但我们拿家和真心来孝敬父母，可不可以？完全可以。

我有一个关系不错的同事老张。一天，我和他讲起“大树与家族的关系”。我说树干是从树根里生发出来的，树的枝叶又是从树干里生长出来的。我们的家族也是这样，子女是父母所生，父母是爷爷奶奶所生。究其根源，树干、枝叶都归属于树根，子女、父母的根都在爷爷奶奶这里。

我说你可不要害怕，他说不害怕。父母和儿女的地位确定了，那儿女所赚的钱财，是不是都应该归家庭所有？他一激灵，说：“对啊，应该归家庭！”

现在有几个父母支配儿女钱财的？这一听，这以后挣的钱都归父母管，父母说了算啊。这谁干呀？你讲的孝道是不是有问题啊？

无巧不成书。2017年我在辽宁讲课，有一位女子，她听完课回家后，把自己挣来的钱，全部拿出来放公婆那。花钱的时候，跟公婆请示。公婆特别高兴，家里特别和睦。

讲到这，老张说："这可不容易做到啊！我这么做，我媳妇干不干呢？主要是媳妇得同意。"

老张的媳妇我们叫张嫂，那年过完年来我家串门，她说："邹老师，今年过年时，我给婆婆二十块钱，婆婆没要。"婆婆说："你看我这么大岁数了，我也不花钱，我要钱干啥？我不要。"当时是九十年代，给老人二十块钱也不算少。

我说："你不知道，不是婆婆不要。"她问："为啥呢？邹老师。"我说："她不敢要，她怕要了你的钱，你夫妻俩干仗。因为你没真心给老人，老人看出来了。老人比你多吃好几十年咸盐，她有经验。你那神态，你的表情，老人一看全明白。所以她说不要、不花，那都是搪塞之词。"她问："是吗？"我说肯定是。

我说这样吧，明年过年的时候，你提前说："妈呀，您看您今年都七十多岁了，您是咱家的一家之主，您是咱家老祖宗，这家就应该您说了算。"等过年的时候，给她一百块钱，老人就乐呵拿，不信你看着。

临近春节，她照我说的做了。过年时拿一百块钱给老人家了，这次老人乐呵地把钱接过来揣兜里了。老人原来有点罗锅，直不起腰。她春天把这些话跟老人说了，等秋天时，老人腰板直了。

过完年，她来我家串门，跟我说：“邹老师你说得真准啊！这次老人特别开心地把钱收下了。”我说这不就证明了吗？之前老人是假的，因为你是假的。这回老人是真的，因为你是真的！你要不真，老人不能真啊！所以老人在世，我们要这样尽孝。点点滴滴、生活各方面的事情，都按伦理道德去做，按说明书去做。不违背规范礼法，家庭就是福乐之地。

说厚养薄葬，父母在世时，好好孝敬父母，别留下任何遗憾。吃喝穿戴等一系列照顾好，不让老人有什么缺憾。

我70多岁了，这些年没少去殡仪馆参加亲戚、朋友、同事的葬礼，少说也有几十次。我看有的人家人缘好，几十上百人来送别。有的人家不行，好像就七八个张罗事的人，说话间连说带笑的，完事之后，马上去饭店吃喝。

过去老人去世，哪个儿女能吃下饭？不是不让吃饭，是心里难受吃不下去，有时候不得不喝点水，喝点米汤。因为丧礼把身体搞垮了，也是不孝。咱就说这心情，对老人的孝念。

其实，从古到今都不讲究大发殡葬，现在国家也提倡简葬。特别是老人刚去世时，骨灰盒、下葬、吃饭等，花费很多，有的修建墓地，花费更多。在殡葬上，花这么多钱值不值得？如果老人在世，他愿不愿意这样铺张浪费？

火化场卖的骨灰盒价格不一样，贵的好几万。有的墓地几十万，还有上百万的，特贵。

人死了就剩一具尸体，有的直接捐献了，我个人感觉很好。土葬或火葬咱不说，就说我们花那么多钱，老人生前享受到没有？如果老人生前都没享受到，去世后做这些有意义吗？这样做不符合伦理道德，尽可能简葬。

剩下的钱财是父母的也好，儿女的也好，用来做慈善道德事业，捐给灾区或贫困地区好不好？这是最好的。这就告诉我们一个道理，既要让老人生前得到儿女的孝念，又要在去世后得到儿女的孝念，不要大发殡葬，挥霍钱财。

我们夫妻俩也考虑过，百年之后，身体能捐献就捐献，不能捐献不买骨灰盒，用闲置的板子拼凑成骨灰盒就可以了。不管火葬，还是土葬，要符合国家要求，绝不能大操大办。

课堂上不少老人同意我这种做法。生前都没享受着，死后整那些有什么用？生前享受到了，死后更没必要整了。生老病死虽是大事，但殡葬从简，改掉陋习是正确的。

第四节　有病无病

整个社会历史都以人为本，人民至上，所以人是最重要的。一切都为了人好好生存，这没有问题。但要生存好，得有生存

好的道。

先人训导："为商子一个个不能孝养，从小时出外来远抛家乡；在家少在外多在家少养，赚家钱养父母谁侍在堂；父母在能孝心活者奉养，爹娘死子要孝不在爹娘。"

你在外面赚了很多钱，过年买好多好吃的回家尽孝，挺好！可你想一想父母年迈体弱，连倒水的气力都没有了。你给再多钱，他没能力花，这时钱有什么用？他需要伺候，需要搀扶。有钱雇保姆也行，没有保姆老人怎么生活？所以要在父母活着时尽孝！

话说回来了，老人有病了怎么办？去看病。远游之后，父母有病了，有的没等儿女回去，老人就病故了。古人讲："莫说是父母死孝念全忘，活在世哪真孝伺候在堂；有钱子与父母吃喝奉养，爹娘病无孝子侍候久长；不用说无钱子孝更难讲。"说是父母有病，病长无孝子啊！

关于婆媳之间简单说一下，婆婆有病了，病重时，儿子、儿媳妇们都到场了，为谁伺候、谁花钱而斤斤计较。老人没听着还好点儿，听着就加快老人离开人间的速度了。

有一年，一个呼兰的学友说，婆婆在世时，儿媳妇知道婆婆手里有点儿钱，但婆媳关系不好，婆婆有钱也不给儿媳妇。婆婆病重时，儿媳妇就问："妈，你存折放哪儿了？"你看这儿媳妇不问身体好没好点儿，直接问存折放哪儿了。老婆婆能不生气吗？没告诉她，没吱声，不搭理她，后来老人去世了。

去世之后，房子失火了，老人的存折放棚里被火烧了，剩下一点点能看出来，但取钱不好使了，最终也不知道多少钱。这是十几年前听人讲的。家和万事兴，不和睦就会有损失。

还有一年，去吉林省四平市梨树镇讲课，有一个医生来听课。他讲了个故事，说一个儿子在外地工作，父亲病重，家里给儿子去信。儿子请了七天假，回家陪伴父亲。父亲本来病得很重，一看儿女都回来了，精神很多，病症就减轻了。

看老人的病见好，儿子整日忧愁。老人问："我的病已经见好了，你咋这么忧愁呢？"儿子说："爸，你不知道我请七天假多难，寻思你七天就死了，我给你处理利索了，可你没死，我怎么办啊？"当时我们啼笑皆非。

听儿子说了这些，父亲想：儿子请假我没死，儿子心里难受、着急、忧愁，不行啊，我得死啊！父亲虽然悲伤，但认为自己非死不可。这么一想，没几天就死了。死了之后，儿子高兴了，正好发送了。真是天下之大，无奇不有啊！

还有的儿女一看父母有病了，就给其他兄弟姐妹提要求："父母之前一直在我这儿，现在有病了，要不你们接过去吧。"想尽一切办法，把老人推出去。老人没病的时候，子女可喜欢了！为啥？老人能干活儿，成了伺候儿女的工具，现在好多这样的子女。

人到了60岁，应该退休了，但是现在生活条件好，有的人身体比较好，还退而不休。古人讲人生七十古来稀，过去生活条件差，人到六十来岁，身体真不行了。

到了60岁，老人没有给儿女看孩子的义务了。如果儿女需要老人给看孩子，那得老人愿意。因为这个问题，有很多儿媳妇跟婆婆过不去，跟婆婆生气。你不给我看孩子，看将来老了，我养不养你？这是个非常严重的问题。

有一个学传统文化的学友，她婆婆八十多岁时，身体健康，每天洗衣、做饭，家务活全干，很辛苦。婆婆有好几个女儿，她在儿子、儿媳妇家生活。这婆婆时不时地把冬天储存的土豆、白菜，偷偷摸摸地给姑娘家送去。时间长了就被儿媳妇发现了，儿媳妇生气还不好意思说，后来告诉她丈夫了，这儿子也跟母亲生气。

后来，她学习了五伦八德，分享时说："邹老师，我过去可真不孝，对不起婆婆！我今年六十多岁了，没管婆婆叫过一声妈。"

我问她为啥呀？她说因为婆婆经常给姑娘家拿菜，她就跟婆婆生气。据说她女儿也因为这事生气，一家三口都跟老人生气，你说这样是不是不好？

不能说老人是被气死的，但后来老人得病了，花了不少钱。她从没想过八十多岁的老人为啥这么做。

刘安《劝孝歌》：古人有句话："老母一百岁，常念八十儿。"无论多大岁数，老人肯定挂念儿女。老人家总把白菜、土豆往大姑姐那送，肯定是大姑姐家少或没钱买。当母亲的关心女儿正不正常？何况大姑姐本就亲如手足。还有一点，60岁了，没管婆婆叫过一声妈，是不是当儿媳妇的不对？

如果会当儿媳妇，你主动说："妈，我姐家是不是没有土豆、白菜了？"或者说"咱家土豆、白菜吃不了，我们有时间给我姐送点儿？"你说这样做多好，为啥不这么做？后来学习了伦理道德，她开始检讨自己。等她想改过的时候，婆婆已经去世了。

第五节　父母在，不远游，游必有方

古人讲："父母在，不远游，游必有方。"儿女出去打工，家里老人没人照料，儿女得考虑好，究竟出不出去？出去老人怎么安置？这里讲的是孝道。

这些年，出现好多空巢老人和留守儿童。我之前提到老安少怀，这是儒家提倡的孝慈。2015年我去湖南屈原投江的地方讲课。讲完课同学领着我们去周边乡下，路过一户人家。同学指着说："老师，你看这家儿女都不在家，去年老人死在屋里，没人知道。"房子多少有点坡度，尸体腐烂后，血水从屋里流出来才被发现。

再说留守儿童，为啥有好多小孩儿，在少小甚至婴孩时期

没被培养好？父母不在，德行有缺，儿女没得到父慈母慈，学前的童蒙养正没学到。相当于种庄稼，玉米种在地里，小苗刚长出来几寸高需要锄草的时候没有锄。婴孩时期没培养，童蒙训的内容没学到，从孝的角度说，对儿女不慈爱，也是不孝顺，为什么？儿孙的根没培好，非但没给祖先增光，反倒抹黑了。

这时期没培好，或缺失五年、十年的光景没培养，那这五年或十年属于空白，这个空白任何作用不起，还起反作用。现在好多孩子不好管，在学校不听老师话，这和缺失伦理道德教育，特别是缺失父母的慈爱，没培好根，德土没培上有直接关系。

在家远游，告诉我们一个道理：父母尚在，年事已高，我们不能不顾，出门一定要拜托好亲戚或朋友帮忙照顾。现在通信发达，去哪儿，去多长时间，要告知老人。不能让老人一个人在家，生病了都没人知道。

第六节　有钱无钱

说说治病方面，老人有病去医院，大夫很专业。大夫一诊断，说不能再治了，没有治疗价值了。这时我们当儿女的要明白，大夫说没有治疗价值了，你就别治了。

为啥讲这块儿？不少儿女平时不孝顺，净惹老人生气。等老人临终时，没有抢救价值了，儿女又哭又嚎地说不行，其实只能是给亲戚朋友看的，这种现象真不少。可能我不应该这么说，但却是实情。

大夫说不行了，就不要治了，不是怕花钱。有的儿女这个时候非治不可，老人都没知觉了，硬是抢救过来了，成了植物人。儿女又后悔了，心想不抢救就好了，植物人真烦人，不咽气，还不如死了。

所以，老人没病时好好孝顺，有病时好好照料，大夫说不能治了，就不治了，不花那钱了。不然钱白花，之后还造成很大负担。

节省这些钱做点儿公益事业不行吗？几万块钱，是不是能买好多传统文化书籍？流通流通不好吗？哪个地方需要赈灾，花点儿不行吗？钱不好挣，一定要花在刀刃上。真能救过来，花多少钱咱都得治，救不过来就听大夫的。

其实，父母生前，包括有病时，我们尽到儿女的全部责任和义务，这是最好的，父母也安心。

我们尚家镇有个老人七十多岁，四个儿子轮流照顾。有一次，老母亲把时间记差了，提前一天去了大儿子家。一到大儿子家，大儿子就说："没到时间咋就来了呢？"给老人好一顿损。就差一天，提前了不行。老人听了儿子的话，出了门就走了，

老人想不开啊！

家训中说："一帮儿多不能父母老养，养儿为防备老积谷备荒。"后来老人买了老鼠药吃了，药死了。

关于有病无病，我们再讲个小故事。我在家乡生产队时，有个队长，人挺好。他因为小脑萎缩，身子不太好使，失去了劳动能力，自理能力差，后来儿女把他放哪儿了？放猪圈里跟猪一起养。有时候不知道吃啥，就吃粪便。他有三四个儿女，但过得却非常苦。

早些年，我在家里，他来我家跟我爹说："兄弟呀，我今年想在你家过年。"我爹说："你在我家过年没问题，但你得回家问问姑娘、儿子愿不愿意啊？如果他们愿意，你就在我这过年。"我爹又说："哥哥，不问直接在我这儿过年，过年之后儿女再来找，这不等于笑话儿女，给儿女丢磕碜吗？"他很明理，我爹跟他一说，年三十儿早晨，他就回家了，之后再没来。估计是跟儿女说了，儿女不同意。等到晚年就被关进猪圈、鸡笼、鸭笼，跟畜生一起生活。最后，在猪圈里去世了。

有病无病、在家远游、有钱无钱，这三点是尽孝最重要的问题。一般像我这个岁数的人，家里都有四五个孩子，最后都顾不上为父母养老送终。

有一次，我们从绥化坐火车回大庆，买的卧铺票，旁边坐着一个老人，没有卧铺。一打听，老人91岁了，儿女轮流照顾，在绥化的大儿子家呆够日子了，老儿子来接。按理说，父亲这么大岁数了，是不是当儿子的得给父亲买张卧铺票？大儿子跟父亲说卧铺票卖没了，老人一上车就说："这不有的是卧铺吗？"老父亲和老儿子说："你看你哥，明明有卧铺，说没有卧铺。"

我们邻居的婆婆，快70岁了，在儿子家伺候小孩儿。现在看小孩儿比上班累，责任还大。我妻子细心，她看老人家可苦了！我问："为啥苦？"我妻子说："你看小孩还没上学，老家有老伴儿，还有个老公爹九十来岁了。邻居婆婆本是来串门的，寻思看看孩子，呆几天就走。结果让儿子、儿媳妇控制住了，不让回家，父亲、爷爷都不管了。"

老人背后跟我妻子哭了好几场。她说："你看这儿媳妇，不让我回去，天天让我看孩子，我家里的丈夫和老人谁伺候？谁照顾？"老人不敢说走，怕得罪儿媳妇，因为老人的主权丢了。

我妻子告诉她，这事你必须跟儿媳妇说，她让不让走都得走。小两口上班，老人天天做饭，看孩子。大热天的，小两口中午吃完饭在家享受、玩手机，老人就在楼下看孩子，根本没空休息。后来老太太可能跟儿子、儿媳妇摊牌了，不知道他们同没同意，反正老太太没几天就走了。

当儿女的，要理解老人的心情。当老人的也要理解儿女。儿女要是不明白这个道理，当老人的还真得说一说，不说干生气，气大伤身后悔难。

男女八德中，孝都是第一位。如何行孝？还得回到孔子说的那句“色难”！笑脸相陪、和颜悦色、柔和顺从，这是最主要的。

有病怎么对待，无病怎么对待；在家怎么对待，远游怎么对待；临终前怎么对待，去世后怎么对待，这几个要点，都与我们的性、心、身有关，应引起重视。

第四章　伦理道德图说

第一节　做人的根本

经过多年对传统文化的学习和体会，我对古人的三纲五常、三从四德有了新的认识，随着时代的发展，它们也应有相应新的表述。尤其党的十八大提出的社会主义核心价值观，其中的爱国、敬业、诚信、友善等，就是中华优秀传统文化精神内涵在新时代的新表述。所以，我们学习和弘扬伦理道德，也要用新思维，不是回到过去，也不是完全照搬过来，而是根据时代的需要加以批判性吸收和创新性发展。下面我以图文结合的方式，重点介绍伦理道德的具体内涵，以便我们更好地消化、吸收、理解和结合实际情况灵活运用。

伦理道德图包括：伦常图、孝图、孝根图、扎根图。

伦常是指五伦八德、三纲五常等人与人相处的常道，也是几千年中华传统文化的传承。我们用发展的眼光看待传统文化，做到古为今用，推陈出新，取其精华，创新发展。

伦常图中的“人”字图，体现出五伦八德是做人的根本。

所谓人，左撇为真，右捺为正。一真一正，如同日月，女为阴，男为阳，一阴一阳之谓道。男子有男子的本分，女子有女子的本分，男女和合为好。

“忠己恕人，存心养性。”这是儒家纲领的核心，也是儒家对男女在伦常道德方面的纲领。忠，忠实无欺。恕，宽恕宽厚。存心，存良心、道心。养性，修养天性。不能养脾气秉性，不

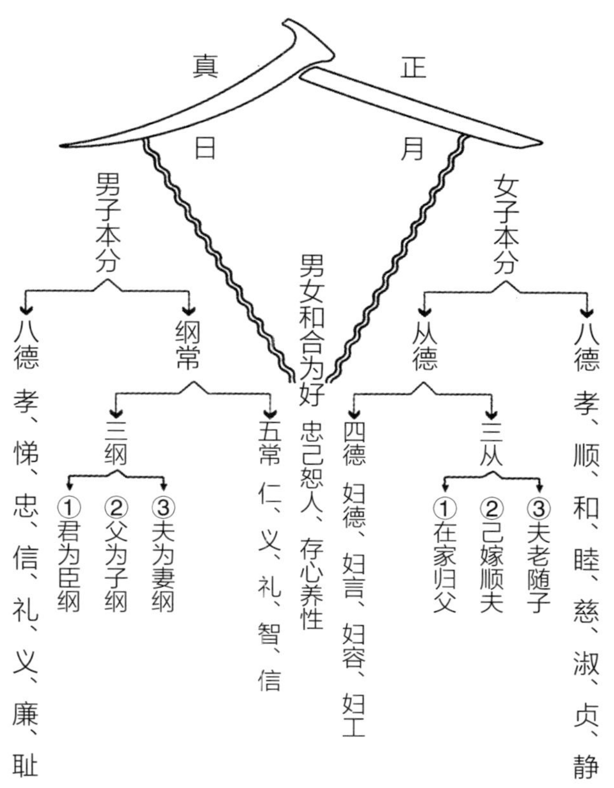

伦常图赞：

伦常道德是法宝，做人何时离不了；
家和国平世安静，源是圣贤大同道。

图 4–1　伦常图

能养不良习性，更不能养私心欲望。天性是一种天然之性，就是古人讲的存养之道。

《论语》中讲："夫子之道，忠恕而已矣。"孔子把"恕道"当作人们和睦共处的指导，是为人处世与待人接物的态度和原则。我们实行五伦八德或伦理道德时，做到忠己恕人，那么人与人之间就不会相互损害。

男子本分是指孝、悌、忠、信、礼、义、廉、耻这八德。扩展到四维，指仁、爱、和、平。除了八德，还有三纲五常。三纲即君为臣纲、父为子纲、夫为妻纲。

随着社会的发展、社会关系的转变，传统意义上的"君臣"也发生极大的变化，现在称上下级或老板与员工。现在称上级为领导或老板，凡是被领导的人都可称为"下属员工"。"纲"是领导和被领导的关系，一种上下关系。

"父为子纲"，父母对儿女来讲就是领导，同时又是父母，父母要做儿女的表率，教导儿女。"夫为妻纲"，丈夫是妻子的表率，要引领妻子。

现代社会讲究男女平等，但家庭中也需要有一个主事的人，或男子主事或女子主事。从历史来看，家庭里男子主事为多，男子为天，女子为地。总体来看，在中国，自古以来多数家庭男子主事，女子为补为助。俗话说，"家有千口，主事一人"。如果按照这道理去做，家庭就会和睦。

五常指仁、义、礼、智、信。仁，西方人定义为慈悲，中国人定义为仁。义，义理、道义、合情、合理、合法。

女子本分是指孝、顺、和、睦、慈、淑、贞、静这八德。这个“淑”，也有资料记载用“良”字。三从四德也要根据时代发展，用新的方法和观念来理解，不能生搬硬套。“在家归父”，姑娘出嫁前待字闺中，父母有引领教导的责任。父母是儿女终身的老师，儿女应该顺从父母的意愿。“已嫁顺夫”，姑娘嫁后遵从夫家的习俗，行好五伦道，即生活的规矩礼法。

现代社会提倡男女平等，但平等不是平均。在家庭中也有主事和服从之分。

我们看天上的太阳和月亮各有一个，不是两个也不是三个，这是自然规律决定的。我们在生活中也要遵循规律法则。

自然法则是宇宙中万事万物的内在规律，没有人为的思想。我想怎么说、怎么做，一切都是我想的、我说的，这些成分在自然道里没有。

我们抬头望望星空，日月星辰都有自己的轨道。我们不能干扰它，干扰它会发生变轨。即使再微小的变化，也会导致星球间的碰撞，所以，自然法则绝不能触犯。

我们实行的五伦八德也是自然法则，不能随意改变。时代变迁，但有些原理原则不变，变也只是在形式上，本质上没有什么变化。随着社会发展，现在男女平等，但是也要有规矩礼法。在日常生活中，孝敬长辈、夫义妇节、兄友弟恭等规矩礼法，仍然对家庭和睦起着决定性作用，具有永恒的价值和意义。

“夫老随子”，人老了，要听从儿女的建议和安排，一些事情放手让儿女去做，让他们成长。但是教育子女、修心炼性、修养德行永不退休。

“有可有不可，非圣人之谓也。无可无不可，是夫子之心也。”意思是说：有些事必须这样做或不能这样做，这不是孔夫子的意思；而做某件事情，既可以这样，又可以那样，不是非这样不可也不是非不这样不可，这才是孔夫子的真正处事准则。

民间有个说法：“学道不如讲道，讲道不如修道。”道，既要学习，也要练习讲，同时还要修，做到知行合一，学讲修结合是比较合理的。

儒家四科也称“孔门四科”，第一是德行，第二是言语，第三是政事，第四是文学。四科不仅适合女性，也适合男性。

女子四德：妇德、妇言、妇容，妇工。妇德就是品德，能正身立本。

生活中说话很重要，尤其是妇言。家庭如果产生纠纷，是合是散是离是聚，言语起着非常重要的作用。良言温暖，恶语伤人。言语关系到一个家庭是否和睦。

妇容，包括面色和穿着打扮。女子要面带微笑，充满慈祥和安宁，给人春风般温暖的感觉。同时衣着得体，适当，合乎道德修养。

妇工，过去是指纺织、刺绣、缝纫等手工技艺，亲手做家里的衣物等家用手工制品。现在指洒扫庭除，洗衣做饭等一切家务。

对待传统文化，我们要用发展的眼光去看待，过去适用的规则可能随着时间的推移、时代的发展，出现不符合或不适用的情况，我们要有选择地学习、继承。

就像我们长大后回过头看父母，也会觉得父母当初的知见有不对的地方，但我们不要指责父母，而要有选择地学习和继承父母的优良传统，对父母的缺点要包容、理解。我们对待老祖宗的心，比如父母，应多一份恭敬，多一份感恩，多一份包容和理解。古为今用，也要有所选择，这样才能做好对家风和祖训的传承。

第二节　一孝通天

下面我们来看孝图。“孝”字我们非常熟悉，教育的“教”字就是在“孝”字右边加个反文。“教”什么？主要是“孝”文化。五伦八德，或伦常道德，或伦常法转，就讲一个“孝”字。“孝”字弄明白了，按孝去做，等于一切道德都有了，都包括了。

“孝”这个字，上面一个“老”字头，下面一个“子”，演示的是老人和孩子之间的关系。

道家文化的金木水火土，分别代表五行。中间突出的位置是中央戊己土，从传统来说是祖先的位置。一般指60岁以上的老人。右边东方甲乙木，是兄长的位置。下边南方丙丁火，是父亲的位置。北方壬癸水，是母亲的位置。西方庚辛金，这是弟弟姐妹、儿女的位置，原则上来说都是晚辈。

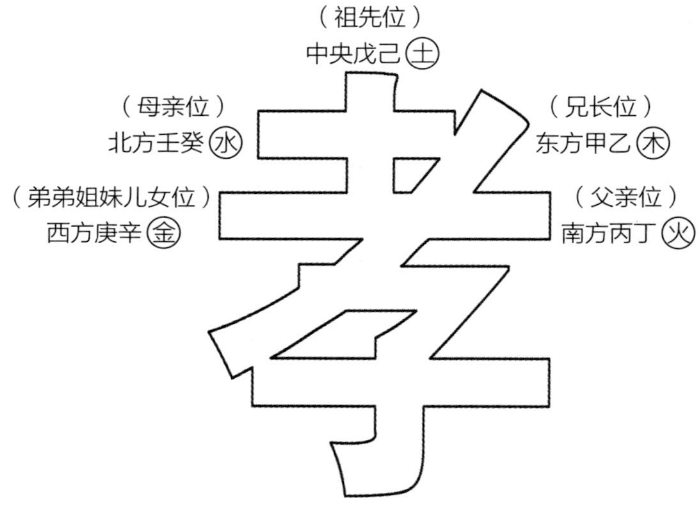

孝图赞：
三界唯一孝，一孝能通天；
天然不落后，后永乐家园。

图4-2　孝图

中央戊己土，属于家政层面，是家庭顾问。东方甲乙木是兄长位置，一个家庭中往往兄长操持家政，是领工人物，要服从兄长。南方丙丁火是父亲位置，执掌家政，具有决策权。北方壬癸水是母亲位置，母亲帮助父亲治理家政。西方庚辛金是完成家政的，是干活儿的。家庭顾问、执掌家政、治理家政、操持家政，家庭成员都有明确的分工，要各守本位。

关于五伦道德岗位，我们每个人都在五伦岗位上，每个岗位上都有我们的角色，要演好自己的角色，不干涉他人的角色。做到不串岗、不抢岗、不脱岗、不在岗不作为。我们要各司其职，各尽其责，互不干涉。

例如：在家庭中，对子女要扮演母亲的角色，对丈夫要扮演妻子的角色，对公婆要扮演儿媳妇的角色。不同角色都要做好。在自己的岗位上尽职尽责，几个岗位互相配合。就像高速公路上有快车道、慢车道、大型车道、应急车道等，各有职责，各自发挥作用。

我们都有各自的岗位，不能跑到别人的岗位上做事。就像太阳没事上月亮的轨道去了，木星跑火星位置上去了，松树长杨树上去了……你说这事不麻烦吗？

家庭成员各有分工，但好多妻子抢占丈夫岗位，把丈夫的岗位搞得乱七八糟，这都不对。作为妻子你有自己的岗位，应该在自己的岗位上做好。

我们讲“孝”字，明白这里包含的道理后再实行，才能家庭和睦，这是行孝的目标。家家和睦，社会必然和谐，国家安宁，世界太平。

孔子提倡“无讼”，可现在夫妻、兄弟、父子之间，对簿公堂的很多。如果我们都能明白各自的岗位、职责，认真地从自身找原因，按自己的岗位去做，按孝悌忠信去做，按孝顺和睦、慈良贞静去做，怎么会有这些矛盾？

第三节　孝是种子

三界唯一孝，一孝能通天，天然不落后，后永乐家园。什么是三界呢？天地是自然体，然后是人，天人合一，构成自然界。人是自然界的一部分，意思就是说天、地、人合为一体。

我们人类要保护大自然，同时向大自然学习。道家讲：“人法地，地法天，天法道，道法自然。”

我们行孝要行到自然而然，如同画家画画，行云流水；文学家写文章，没有刻意雕琢的痕迹。做什么事，都没有斧凿刀砍、刻意而为的痕迹，这叫无为。孝到无为，这就是一孝通天，达到最高境界。

什么是圣人？圣人是道德品质达到最高境界的人，贤人差一些。能达到这个境界，我们就不会落后了，会天天进取，天天向上，天天向善。如果我们都能这样做，这个社会将成为幸福快乐的家园。那么怎么实现呢？看一看下面孝根图。

学孝道，就是求一个“和”字。我们讲孝道，讲的是五伦八德，或者说三纲五常、伦常道德。有个词语叫“孝和”，就是要通过“孝”来实现“和”。

孝根图中是个桃子，没有花不能结果。通过行孝得到这个果，“和”是“孝”之果，“孝”是“和”之因。种瓜得瓜，种豆得豆，社会科学叫因果论，自然科学叫因果律。

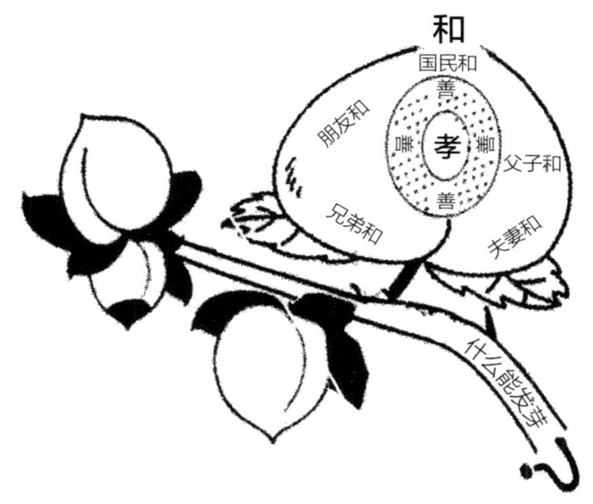

立孝廉（莲）：
桃仁为种子，种子能发芽；
孝根若扎下，全球都开花！

图4–3　孝根图

我们看这个桃子，外边是桃肉，里头是桃核，桃核里面是薄衣，薄衣里面是桃仁。婴儿出生是不是有胎衣啊？所有植物的种子，外面都包裹着薄薄的一层膜，像胎衣一样，多么金贵。

“孝”是桃仁，这个桃仁有好几层保护伞。桃肉是一层保护伞，桃核是一层保护伞，薄衣是一层保护伞。如果土壤营养丰富，桃子肯定成熟饱满，成熟之后，非常好吃，受人欢迎。不成熟的时候，没人喜欢。

我们买瓜子，都买成熟的、颗粒饱满的，没人买瘪子。桃子也一样，我们都喜欢成熟的桃子。外面的桃肉，相当于五伦：上仁下忠国民和，父慈子孝父子和，夫义妇顺夫妻和，兄友弟恭兄弟和，朋诚友信朋友和。五伦属于善法，正法。讲五伦和，是善法。五伦属于善法又属于正法。

宇宙的源头是道，道是自然法则。最重要的道是孝，百善孝为先。

一个桃子，什么部位能发芽？这是最关键的问题。把这个问题弄清楚，再力行五伦八德就容易些。如其不然，做的时候会比较盲目。

桃子的肉不能发芽，桃核（外壳）不能发芽，桃仁外面这层皮也不能发芽。什么能发芽？桃仁。仁是什么？我们要明白，是种子。

同样，孝是种子，种子能发芽，发芽才能生根，生根才能出苗，然后苗慢慢长大。我们要抓住能发芽的种子，种子抓不住，没有种地里，不会发芽，更不会长苗。现在有好多人，理论上明白了，实际上没抓住，没有孝的根，没有孝的种子，行孝的难度就大。

当树干要吸收树根营养的时候，树根是什么态度？毫无保留。就如父母对孩子的慈爱是竭尽所能、无条件的。因此，孩子对父母尽孝也要竭尽所能、无条件。

以土地为分界，以下为根，以上为干，树干是我们，树根是父母，我们时时刻刻吸收父母的营养，直到父母去世。父母对儿女的慈爱是无条件的。

前面讲慎终追远，民德归厚。父母从五十多岁开始衰老，儿女也要无条件地尽孝道，像父母对待儿女那样无条件。传统文化的根和魂就在这里，就像桃仁，就像树根。

明白这个道理，我们就会时刻想到父母的辛苦。《诗经》里这样形容父母的辛劳："哀哀父母，生我劬劳""哀哀父母，生我劳瘁"。

孔子和他的弟子子我讨论孝道时讲到：古人去世，子女守孝三年。子我说："你看坟上的蒿草都长那么高了，一年也就行了。"待子我出门后，孔子说："你看这子我，哪有孝念啊？我们小时父母怀抱我们三年，父母去世后，我们守孝三年是天经地义的事情。"

时代变迁，现在不提倡守孝三年。可我们想想：养孩子三年，得花多少心血？父母、姥姥、姥爷、爷爷、奶奶得付出多少？

当然，这是天性、自然之性，不谈条件。所以行五伦也是无条件的。父母对儿女尽慈没有条件，儿女对父母尽孝也应该没有条件。下级对领导、对国家尽忠也都没有条件。

同样，当领导的对下属员工一定要做到仁慈，没有条件；当兄长的友爱弟弟，没有条件；当弟弟的恭顺兄长，没有条件。行五伦中任何一伦都没有条件。有条件就有局限，有局限就会对立，进而有矛盾，有矛盾就得竞争，有竞争就得斗争。夫妻间有斗争，家里战争就爆发了。因为设置了条件，总想着我凭啥对你好，你咋没对我好呢？我们一定要明白这个原理原则，做到没有条件，没有局限。

如果人人都做到了慈孝，孝根扎下，种子才能发芽。古人讲孝悌明灯，孝悌传灯，灯灯相续，全球一片通明，这就抓住了问题本质。

第四节　尽孝关键在态度

孝能发芽，因为它是种子。种子发芽需要扎根，这是个大问题。如果没有种子怎么发芽？只有发芽、生根、开花、结果，才有意义、有价值。我们用孝求和，求不出来，孝不白费了吗？种子不是也白费了吗？步步作废。

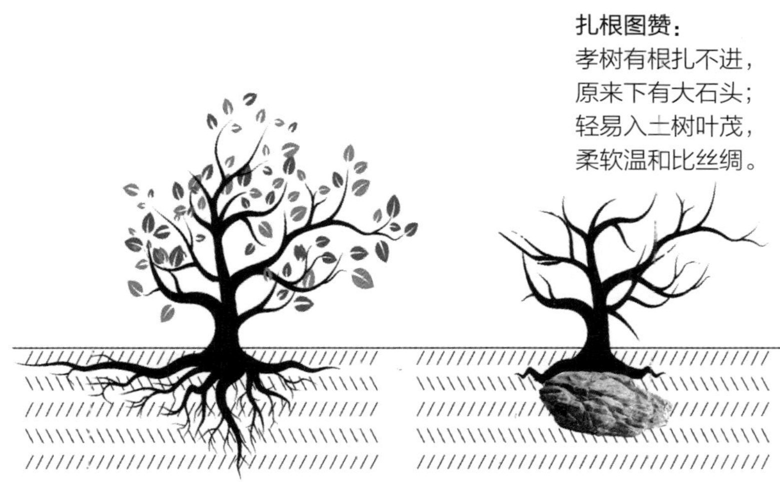

图4–4　扎根图

如果根扎不下去，有种子也白费。以此类推，哪一步做不到，前面全作废。我们讲“孝”字，孝好比是一棵树苗。我们看孝树，左面这棵根扎得挺好，有枝有叶。右边这棵，根扎不进去，枯干了。

事实就是这样，有种子不用，或用不好都白费。有种子得培育它，不培育，不能发芽，不发芽不能生根，不生根没有枝叶，没有枝叶不能结果，道理就这么简单。

“孝”的问题没解决，等于没有根基支撑。我们讲伦理道德、五伦八德、行善积德等也是盲目行善，不能太长久。

现在我们要问一问，第一棵树，“孝”的种子生根长出枝叶，能开花结果吗？也许暂时没有结果，但肯定会结果。第二棵树也是“孝”的种子，它的根扎不进去，枯干了。为什么？

这是一个大问题。古人讲性命双修，这是最根本的问题。一个根扎下去了，一个扎不下去，为什么？

我们看第一块地是松软的土壤，另一块地有块大石头。有同学说，那好办，用钻钻个窟窿或用吊车吊走。可是如果石头无限大，钻不透也吊不动，底下没有土，全是石头，怎么办？

通过学习，有的同学智慧大开，说他明白了：大块石头和松软的土壤，相当于我们的性格。说对了，真是这样！有的人，特别是没学习传统文化的人，当然有修养的除外，可能都有这种情况：性格刚强难化，谁都不服，天下我第一，就我对，谁都不放在眼里。这就是大石头，根扎不进去。相反，性格温和、柔软，根很容易扎进去。

怎么理解这个问题呢？我们的性格就是脾气。脾气不好，生气时如疾风暴雨，即便不生气时也又臭又硬。心平气和的时候少，时常暴跳如雷。未曾说话先瞪眼，凶神恶煞一般。给对方压得啥话说不出来，憋那里了，憋大劲了，胃疼，肝疼。

当然，尽孝也有讲究。古人讲：菽水承欢。菽，豆类。说家里比较贫困，没什么吃的，用清水煮豆。煮好后，儿媳妇双手捧着一碗熟豆水，乐呵呵地给公婆呈上去，公婆很高兴。尽孝关键在态度，不取决于富贵贫穷。

“菽水承欢”强调的是一种孝顺父母的理念，而不是奉养父母所要达到的标准。“菽水承欢”亦是天伦之乐。就像我们也许没有让父母过上大富大贵的日子，但却依旧用普通的食物孝顺父母使其欢乐。

之前，我们讲用什么态度，什么眼光来看待、解释、诠释五伦八德。例如：公婆在场时，说要吃饭了，桌子一放，碗往桌上一蹾，筷子一扔，“唰”一下都掉地上了。老人一看又蹾碗又摔筷子，是不是不愿意呀？你说这饭吃着心里能痛快吗？边吃饭边寻思，这儿媳妇咋的了？怕我们吃得多？还是嫌弃我们怎么的？老人不说话还好点儿，说她两句，“哐”，门一摔走人了。

还有，买点儿什么好吃的，直接往那一扔，说：“爸，你吃吧，吃吧！”好像喂猪似的。老人寻思：是吃，还是不吃？不吃了，气都气饱了。

老人老了之后腿脚笨，走路颤颤巍巍，动作特别慢。吃东西可能洒衣服上，还流口水，头有时不能及时洗。儿媳妇一看犯愁了，一犯愁就悲伤。一悲伤，态度就不好了。老人说两句话她就顶撞。

想尽孝，虽然人挺善良，心挺好，但性格不好，脾气大，老人接受不了，脾气秉性改变起来很难。现在很多人特别着急，一着急就爱发脾气，啥不对心思，马上发脾气。

尽孝道这根为啥扎不下去？因为自己给自己设置了障碍。脾气不好，动不动就恨怨，怒气冲天，家里乌云笼罩，像古诗中写的：黑云压城城欲摧。在外面看着挺好，一进家门，一寻思公婆这样，想尽孝道，心里犯愁、犯合计，这主要是因为我

们对孝的理解还不够透彻。

我们要向舜学习，二十四孝为什么舜排第一？因为舜性格改得好。舜的父亲瞽叟、继母和弟弟三人合伙，想置他于死地。舜明白：家庭内部矛盾不是阶级斗争，不能上纲上线。他认为还是自己做得不好，没有感化父母兄弟。他从不抱怨，最终感化了家人。

在这个过程中，他自己也犯愁，有时一个人跑到苞米地里偷着哭。哭自己为什么不能够改变性格？什么时候能让父母接受？父母、兄弟的所作所为，他都不放在心上。唯一在乎的就是父母怎么能接受他？通过不断思考，舜先从改变脾气开始。他脾气改好了，父亲也就不再为难他了。

我们的性格要柔软，把脾气化了。虽然不能一下子不生气，但可以慢慢生气，或少生气，别生那么大的气。生气时，别太认真，生点儿虚假的气。做事认真干，生气别认真。认真生气时，气从内心出来，对身体不好！

我们刚强难化的脾气就像一块大石头，动不动就生气恼怒了，恨怨了。还有我们有底火，啥底火？贪心太重，助长脾气。越贪不着，得不着，脾气越大，越着急上火，越上火越发脾气，这些我们得克服克服。

怎么想办法把石头变成松软的土壤呢？我没啥东西孝敬父母，没什么贡献，但我态度好。每天乐呵地不惹老人生气，老人怎么说，咱就怎么做，随顺老人的心，老人在我这顺心。如果喝凉水都塞牙，这事就麻烦了。老人晚年不图什么，就图顺心。

人活在世，家里这几个人整天生气，这事不就麻烦了吗？我们要把脾气变成柔软的、乐呵的、随顺的。我们修养我们的性格，然后尽我们的天命。天命就是天职，性命两方面结合起来修就好了。

如果我们有长性，不爱生气，不好发脾气，性格柔软温和，像丝绸一样，就可以轻松扎根，枝叶茂盛。

第五章　践行五伦

第一节　服务人

行五伦利人及一切，需解决三个问题：第一，如何为人民服务？第二，如何立善功德？第三，如何去掉一个“贪”字？

行五伦如何为人民服务？这是个大问题。我受祖先，包括父亲、母亲、爷爷、奶奶、太爷、太奶的影响，虽然文化不太高，但从小学习了点儿传统文化，主要是五伦八德。家里祖宗流传下来的，像家训似的，口口相传，我记得一些。

后来读《三国演义》，参加工作后，读《中国共产党党史》《马克思主义学说》，读得最多的是《资本论》《剩余价值理论》，后来又读《孔子传》《孟子传》《老子传》等传记，还有《资治通鉴》《续资治通鉴》《中国通史》、四书五经等。

我反复琢磨，总结了一下：经典中的精华，都是让人行善积德。行善积德最好的做法是什么？就是为人民服务。当时没学不知道，后来接触到《中国共产党章程》（以下简称《党章》），才知道为人民服务的人都是有高度觉悟的人。他们是人民公仆，为人民，为国家，为世界做很多好事，他们有远大的理想——为人民服务。

学五伦如何为人民服务？为人民服务，一般人不够格。怎么理解？一般人做不好，做不到。**为人民服务起码得做到低矮、退让、谦卑，把自己放在最低的位置。**最低位置是多低？踩在脚下吗？不是让人踩在脚下。水是最低的，也是最高的。为什么水能利万物？因为水最低，任何缝隙，水都能灌满。低矮，最低最矮，家里家外做到最低最矮不容易。像刚才说的大石头在那横着，就低矮不了，特别傲慢自大，目中无人，谁也瞧不起，总有理，不好办。

为人民服务太难了，得有博大的胸怀，虚怀若谷。意念很难控制，心总是运动的，念念运动。两人走路，你穿的衣服二百块钱，我穿的八百多块钱，心里想我比你强，这就傲慢了。你说好治不好治？不好治。你的车十多万，我的车一百多万，又傲慢了。怎么能低矮呢？你一百多万到十多万跟前，能低矮下来吗？很难啊！

为人民服务要低低矮矮。我们到饭店吃饭说：“服务员，你过来！”服务员就得过来。招呼其他人：“你过来！”“你叫谁呢？”你看，是不是马上就急眼了？服务员就不一样。

有一年，我代表黑龙江省中华文化促进会，去安徽参加赵朴初去世十周年的学术座谈会。路过合肥火车站时，准备吃点饭。我们一行三四个人，其中有个日报社群工部部长，是位姓王的老先生，八十多岁，已经退休了。他把菜点了之后去卫生间，路过厨房，往里一看，发现厨房特别脏。回来就说：“我们

不在这吃了。”

饭店老板不同意，说菜都点了不吃不行。老先生说啥也不吃，原因跟我们说了，但跟老板不能说。脏不说，还有苍蝇，苍蝇跑了，你抓不着，人家也不承认。饭菜做好了你不吃，老板让赔钱，老先生不干。

后来，找来站前派出所的人，一听两头都有理，又都没理，最后让我们去派出所做笔录。我一看人家要十块钱，不给的话，去派出所再回来，可能赶不上车了，最后我掏出十块钱给老板了。

你不吃了，人家要十块钱，你就给人家得了呗，跟人争争讲讲，耽误了行程不也耽误事吗？差一不二就拉倒吧，别较真，较真两败俱伤。

为人民服务很难做到低、矮、谦、让。在家庭里也一样，亲戚朋友来家里时，你伺候不周，人家以后也不来了。人家来了，你装出为大家服务的样子，人家走后就原形毕露了，时间久了，还得分崩离析。

当服务员可难了，低矮下来得让。我们去饭店吃饭，常碰到菜里有头发的情况，我一般就算了、拉倒了，不能找服务员去吵去闹，得真正做到低矮。

行五伦如何为人民服务？具体还要落实以下四点：

第一，要做到低、矮、谦、让。低、矮、谦、让不好做的，家里家外都这么做，确实很难做到，需要有修行的功底。

第二，为人民服务还得不怕苦、累、脏。这都是很不容易做到的，苦的事情我走在前面，累的事情我走在前面，脏的事情我也走在前面，这不是那么简单的事。

比方说我们过年、过节时，一大家人聚在一起。现在我们的厨房基本都是现代化的，灶台都是大理石或不锈钢的，特别好收拾。30年前的厨房都是泥的、土的，不好收拾。

尤其是1980年前后，城市可能好一些，乡下的厨房，我们不少人都知道，那脏的就不用提了。一到过年、过节的时候，儿子、儿媳妇都回家了，那厨房谁愿意去？儿媳妇好几个，思想性格大不同。有的儿媳妇能说会道、善于溜须，坐在公婆跟前爹长妈短的："妈，你吃块糖吧！爸，我给你削个苹果吧！"伺候得可好了。

可也得有一个"服务员"，在厨房做饭，不声不响，默默付出。

那个能说会道的就说："妈，你看我嫂子多累呀！我上厨房看看，去帮她一把。"老婆婆挺高兴，说："去吧！"到了厨房后，她开始挑毛拣刺，这不对，那不对！这吃一块，那吃一口。还说："嫂子你这挺辛苦啊！我看看能不能帮你做点儿啥，我瞅瞅炒的这菜是不是有点淡啊？"

嫂子高兴地说："你要帮我干点儿活儿，那太好了，干啥都行，帮我摘摘菜吧。"她赶紧说："哎呀，不行啊，嫂子。妈刚才让我办点事，我还没办呢。"说完就躲了，躲完回屋说："妈，

我嫂子啥活儿都不用我干，她全都能干过来。”这就是我们讲的偷奸耍滑。

过一会儿又说：“妈，我嫂子菜做得差不多了，我再去帮她一把，咱好赶快吃饭。”放桌子的时候，她忙得可欢了，她干点活儿就在老人面前显摆。厨房这个服务员却是费力不讨好。但天长日久，公婆心里都有数。谁干得多，谁干得少，谁干，谁没干，老人都知道。

过去用热水不方便，冬天一伸手冰凉，厨房都打稀泥，在那种环境下伺候一家人，苦啊，又累又脏。我们学习伦理道德后，要把身段放下，跟公公婆婆打完招呼，马上下厨房。你就是个服务员，别管人家愿不愿意，别管嫂子、弟妹、大姑姐、小姑子等人的想法，少说话多干活儿。人家说怎么干，你就怎么干，你别说这不对、那不对，别挑毛病。你看这七个字：低、矮、谦、让、苦、累、脏，最难做到了。我们要把自己定位为一个服务员。

之前我们讲了孝，第一是定位孝，怎么行孝道？把自己定位为必须好好行孝的人。

第三，把自己定位为一个服务员。过去我在课堂上经常这么说，举手表态，低矮谦让，不怕苦累脏，做这样的服务员，干不干？然后再举手表态，我们好好行孝，做这个“孝”字，干不干？

有的人就害怕，孝根扎不下去，真做不了。有时候一傲慢、一怀疑、一愚痴，这服务员就做不到了。那完全是勤劳苦作呀，还得无怨无悔，一点儿抱怨没有，乐呵去干。所以让举手表态的时候，有的人不敢举手。

我的妻子这方面做得特别好，把自己定位成一个服务员。我们弘扬伦理道德三十多年，她始终无怨无悔，无条件地支持我，家里家外说得上是一个合格的服务员。

我的父母和弟弟之前在农村，这十来年，他们搬到肇东了，卫生条件都挺好。过去我们回家，我们这大哥、大嫂算啥？不管你是司令，还是市长，多大的官，多高的头衔，在家里都作废。你给谁当司令？给谁当市长？啥官在家里都不好使。在家里妻子干活儿不冲在前面，还能揍一顿吗？你是不是得讲道啊？讲道不讲理，人家不说嘛，讲理气死你，一点儿不假。

我们当大哥、大嫂的，要做出表率。弟弟、弟妹辛辛苦苦伺候老人真不容易。我们到家后，二话不说就天天下厨房。弟弟、弟妹有时说："大嫂，你看你刚回来，衣服都弄脏了。"当时家里农活多，我们还能让人家出了大地再进厨房吗？得有仁心啊。所以，不管过年、过节，还是平时回家，我们都做在前面。

我六十多岁时，回家后也是能干啥就干点儿啥。咱们知道农村的厨房，连油带灰厚厚一层。我妻子给大家做饭，我就擦墙、擦门，每年回去都做。我们是父母的儿女，还能考虑苦、累、脏的问题吗？人家弟弟、弟妹不嫌苦、累、脏吗？我们都得去干，必须去干，为什么？因为这是我们的本分，是我们的责任义务，是责无旁贷的，没有条件可讲。累了也不说，乐呵做就对了。

大家一看服务员真不好当，也不敢表态了。那我问你，不当服务员，你想成圣贤，可能吗？我们讲圣贤是道德品质最高尚、最有智慧的人。

后来我一寻思，弄了半天，圣贤都是品德高尚、低低矮矮的人。我得做品德高尚的人，干吧！就这么干。有好多人，真有智慧，听完课回家这么一做，真改变了。你要不把自己降到像水那么低的位置，怎么能利全家？怎么能利国利民呢？所以，你就低低矮矮去当服务员。

三十多年前，我第一次学《党章》，上面说，做到为人民服务就够了，处处走在前面。我们那时学雷锋，别人学不学我不管，我学。学习雷锋好榜样，雷锋就像一颗螺丝钉，拧在哪里就在哪里发光。

学《党章》、学雷锋，用这些来要求自己没错，人必须向上！不向上怎么能得好？所以我们就得低低矮矮，特别谦卑，能忍让，苦累脏都干在前面。

第四，急、难、险、要走在前。有急事时，有困难时，其他人不冲我冲，这不是说说而已。我们学习圣贤文化，就得学习圣贤，学习先进人物，学习道德榜样，不能说一套做一套。

像疫情时，我也想去武汉当志愿者，一听我这么大岁数就不要，就没去上。后来组织大家捐钱，我觉得这都是实实在在的事。全中国是一个整体，我们的心里要时刻装着国家和人民。特别是在国家急难险要、需要我们时，必须挺身而出，所以说，真干不是那么容易的。

你看历代英雄豪杰、伟大的历史人物，谁不是服务员？马克思、恩格斯是两位伟人，也是真服务员。尽管生活非常艰难，他们都没放弃伟大光明的事业。他们把一生都奉献给了人类。他们这不是为全人类做服务员吗？

我们是不是也应该为全人类做服务员呢？当然，能力有大小，总的来说，我们就把自己定位为服务员。前面我们定位于孝，后来我想明白了，这孝就是做服务员，服务员就是去做孝，都是一个道理。你看历代的伟人、英雄豪杰，包括忠臣孝子，他们既是大孝子，又是真正的服务员。

在这个地方，我常常要问好几次，各位师长学友，我们好好行孝，大家干不干？大家说干，那么把自己定位为一个全志、全意、全心、全身为人民服务的服务员，干不干？都说干。我说那就真干！回家后就低矮。咱说低矮，不是低下、卑躬屈膝的意思，是从骨子里流露出的谦卑、谦虚。六十四卦里面，第十五卦是谦卦，谦谦君子，劳谦君子。所以，我们做到这些，就是对的。

第二节　立善功德

行五伦如何立善功德？包括三点。

1.矜孤恤寡，敬老怜贫

这才是真善。如果我们连家里的父母都还没孝敬，没有力行孝道，孝根扎不下，更没做好服务员，就在社会上矜孤恤寡、敬老怜贫，那能谈得上是真心吗？对自己父母都不能孝敬，那能不能做到“老吾老以及人之老”呢？我们学习五伦八德，必须立善功德。

2.济人利物，正己正人

正己，端正自己。要帮助别人，是不是得有东西、有物件？像汶川地震时，我的家族、朋友，都自觉地舍财舍物，不用谁通知、告诉。服务员主要是做到自觉，有高度觉悟。

我父亲也常常去敬老院舍钱、舍物，都是亲自送到老人手里。之前我外出讲课，天南海北地飞，都是自己花钱。有时给敬老院、孤儿院舍钱，这都是济人利物。全国的义工老师都在做道德慈善事业，这些人是最美的，他们都是义务付出，很了不起。这不都是济人利物吗？

正己正人。“其身不正，虽令不从。”自己必须心思端正，做一个堂堂正正的人，自己正了之后，才能端正别人，这就是正己才能正人。

3.舍身为世，老安少怀，教育英才

为人类、为国家、为民族，历史上很多伟人、英雄豪杰，都有这样的心胸，像马克思、恩格斯不就是为了全人类吗？像毛泽东、周恩来不也是为了全人类吗？这都是舍身为世，为了拯救世界，甚至可以抛头颅、洒热血。这些精神我们都应该学习，牢记！最重要的是去做，真正去落实。

国家提倡继承弘扬中华优秀传统文化，现在国家需要我们，那我们就要大力弘扬中华优秀传统文化。如果自己都没做到，怎么去宣扬？所以首先自己得做到，要舍身为世，有能力的办个敬老院、孤儿院，尽点绵薄之力，这不就是老安少怀吗？这是孔夫子的最高理想，我们这么做准没错。

即便我们不能办敬老院、孤儿院，办个传统文化课堂总可以吧。光说不做没有用，我们得尽心尽力去做，去实施。现在的伦理道德，有些方面失传了，乃至于断层，非常需要有志之士把传统文化传播出去。

教育英才、教育人才。我们办传统文化课堂，可以教育出很多人才，让他们有丰富的传统文化知识，有智慧，之后去力行，修身齐家，落实孝道。有能力的可以登上讲台，宣讲五伦八德。讲一讲慈善，讲一讲道德，那多好！我们要想为人民服务，行好五伦，应该有这些善行，为社会、为国家立功、立德、立言。

第三节　去掉争贪

行五伦如何去掉一个“贪”字?

生活中，争贪是很大的问题。人要是有争贪的思想，力行孝道或行慈善都会有很大的障碍。历史上诸多英雄豪杰，他们都没有私心。人要有私心、有争贪的思想，争名夺利，那么行五伦就行不动，做不到。

所以我们讲，行五伦首先要去除争贪的思想。那么怎样才能去除争贪的思想?首先要做到五舍。

1.舍财

做公益事业，有时特别需要钱。凡是办传统文化课堂的人，都没少施舍钱财。学习传统文化后，要学会乐善好施。

2.舍力

做公益事业、慈善道德事业，都是我们的责任和义务。志愿者、志愿者协会都不图名利，大家都是自愿的，主要看思想觉悟，我们做这件事情要舍力。

3.舍身

这个比较难，难在哪?我们这个身子行五伦八德、行孝、为人民服务，跟《党章》结合一下，如果能落实“中央八项规定”，真是了不起。我们身上的不良嗜好都得克服，起码吃喝玩乐得克服。时刻为自己、为儿女、为配偶、为家庭做打算。

只考虑身子如何享受，这身子怎么能舍？所以舍身比舍财、舍力难。改掉恶习，才是舍身的重点。

4.舍心

不是心不要了，而是舍弃自私自利、多思多虑、贪得无厌、欲望无度的心，包括贪嗔痴慢等。这些在我们心里根深蒂固的东西，我们都要抛弃，舍心不容易。

舍心的根本在思想观念。有句话说：心想事成。古人讲：相由心生。一点儿不假，我们心里想啥就是啥。比如操作计算机，心想“山”字，手在计算机上打个“山”字。心想“饺子”，动手一包，饺子就成了。从无到有，心想事成。再比如偷盗，一个游手好闲的人，看见一家银行里有保险柜。他想把保险柜打开，于是他动手了，找几个人从保险柜里把钱偷出来了。

心想事就成，不是成好事，就是成坏事。我们心心念念想事时，有的能做，有的不能做；有的能做到，有的做不到。总之，你心想的就能出现，哪怕是空的，你看没成功，没成功也是成了。

如果我们天天私心杂念，处理的也都是私心杂念的事，说要为人民服务，为家人好，为领导、为国家尽忠，那障碍太大了，做不到。

5.舍性

舍弃坏脾气，不良习气，喜欢着急上火，抱屈后悔等不好

的性格。舍性甚至比舍心难，如果不舍弃，它会成为我们人生路上的障碍，前进路上的绊脚石，所以我们要把它清理掉。

第四节　志五伦做全

行五伦的目标是什么？用志、意、心、身四种境界来定义。格物致知是我们的志；意念真诚是我们的意；心思端正是我们的心；还有身，用身子做事，修身齐家治国平天下。

按八条目来理解，我们讲五点：

一、三界净清

什么叫三界？古人是怎么划分的呢？把我们的性格划分出来，作为一块；把心划分出来，作为一块；把身划分出来，作为一块，分成三块。好比三块地，也可看作三个世界，这样便于我们理解，其实是一体的。区分开后，再体会古人的心思，这样好理解。我们试着分一下我们的脾气秉性、私心欲望、不良嗜好，这么一分就明白了。

我们的追求是净清，什么叫净清？干干净净。这三方面好比是我们的仓库。我们把仓库打扫得干干净净，把私心打倒，我们就不生气。不生气很难，尽量少生气。不良嗜好，也就是习气，改一改，去一去。慢慢来，不一定能一下子都清理掉，慢慢打扫也能打扫干净。

学习传统文化前，是一杯浑水，学习后，心静了，就是一杯清水。如果浑水不静置，那它就不会变清水。我们要是不爱生气，私心杂念少，不沾染吃喝嫖赌，家庭就容易和睦，身心就容易健康。

二、四界定位

同理，我们把八条目、格物致知当成志这一世界，把意念当成一个世界，把心当成一个世界，把身当成一个世界，好比四个世界，也可以说分成四块，或者说分成四个范围。

四界定位，什么是定位？比如我们志向是格物致知，现在学致良知的人很多，那我们定位一定要达到致良知。致良知讲的是天性，我一定要实现天性，天然之性，这就叫定位。定到这上面，我们就学习它，就这么做。

用志恒、意诚、心正、修身、齐家宣传五伦八德，完全可以。只要本质是一样的，怎么称呼都行。就像我们学鲁迅先生的拿来主义，看这个东西实不实用，实用我就拿过来，不在乎它的名称。记得邓小平同志说过一句话：不管黑猫白猫，捉到老鼠就是好猫。这句话表达的就是这个意思，能做到才是硬道理。

三、五伦做全

每一伦都要做，并且做好，不可缺失。每一伦都涉及我们的责任、义务、本分，涉及我们在相应岗位上的道德，跟我们有直接关系。无伦缺哪一伦，我们人格都有缺失。比如缺父母的慈爱，我们的性格就缺慈爱，进入社会对待人就有问题。

五伦好比五味：酸、甜、苦、辣、咸，缺了味道不足。好比五脏：心、肝、脾、肺、肾，缺一不可。又好比五行：金、木、水、火、土，对应君臣、父子、夫妻、兄弟、朋友。君臣属金，金属肺，缺个肺缺一伦，肯定不行。

所以，每个人都要把五伦做全，这是我们的道德岗位，不可缺失。不但要做，还要做好，这是对我们的要求。

之前我们画过一个五伦道德岗位的小图，五伦是全方位的岗位，一个岗位都不能缺失。家里孩子没有父母会是什么样？现实中，父母离异，孩子从小由爷爷、奶奶照顾，孩子缺多少道德？缺多少父母的慈爱？成长过程中慈爱是空白。

其他各伦都一样，有些人没有君臣这一伦，有和没有的，办事能力不一样。做过领导的，领导过人的；当过员工，被领导过的，做事比较圆融。没做过的，做事就不太圆融。

五伦做全，才能做个尽善尽美的人，也就是道德品质最高尚的人。即使今生我们做不到，我们还有子孙后代，我们要对子孙后代高度负责。要让儿女享受到五伦八德带来的幸福安乐，让他们把五伦做全，成为真正的贤孝人。

四、圣贤大同实现

这是我们追求的目标，按八条目来算，这都是外功。外功实现了，内果是什么？古人讲，实现最高的道德品质。最高的是圣人，差一点的是贤人，这是我们的追求。不用“圣贤”也可以，如果人人道德品质高尚，就是大同。

五伦是做人说明书，这个题目从古讲到今，没有人能割断历史。所以从今天到未来，人人都离不开这个主题，无论男女老少，中国、外国都如此。

五、生态安全

行五伦利人及一切，前面都是利国、利民，最后体现“及一切”，是不是生态？所有的生灵，所有的生物，我们都应该保护。现在很多生态问题，都要真抓实干。

现在很多地方的湖泊水流、山川大地特别秀美，多年没见的候鸟也陆续回来了。这说明我国的生态环境越来越好了。

什么叫保护生态？不破坏就是保护。记得孔夫子描述大同世界：鸟筑巢的地方，最多看一眼，心里马上生出保护的想法，一草一木都如此，不能随便破坏。

过去臭水沟到处都是，污染得小生灵无法生存。这几年通过治理山川河流，退耕还林等改善生态环境，也挽救了人的生命。

目前，地球存在生态问题，也就是生态安全。我们学伦理道德的人，必须一马当先保护万物，不破坏生态。

五伦，含藏万善，包含万种善法，我们发掘出来，然后去施行。

五伦，含藏万法，包含万种学术、万种方法、万种规范、万种标准，我们发掘出来，保护生态。

五伦，含藏万教，包含万种教育，我们发掘出来，教育人不要破坏生态，好好行五伦。

下　篇

五伦篇

第六章　上仁下忠（国民道）

第一节　文化基础

以前，我们的祖先用传统文化，把一代一代中华儿女教育得非常好。自从传统文化缺失后，我们的根和魂就丢了。尤其在清末民初，有的子女不遵守伦理道德，逼死好多父母，那时人们惊呼道德沦丧！

各位师长学友，我们回忆一下那段历史就会知道，有传统文化和没有传统文化绝对不一样。我们把老祖宗留下的宝贝丢了，这是好多先民付出了惨重代价才得到的。

过去圣贤一再说，粮食、强兵、信用，要哪个？强兵、粮食最后都得去掉，就剩信用了，这不是真理吗？没有粮食可以生产，没有强兵可以训练，但没有信用是万万不行的！

现在人经常讲鱼和熊掌不可兼得，你得选一样。谁都选熊掌，不选鱼，不是一样的道理吗？生命和义相比，我肯定选择义，不选择生命。抗美援朝的先烈是不是都为义牺牲的？舍生忘死，保家卫国，对不对？

我们是中华儿女，不能不学传统文化，它是中华民族赖以生存的精神瑰宝。传统文化是我们自己的文化，自己的礼仪，我们现在正走在文化复兴、道德复兴的路上。

接下来讲第一伦：国民品德教育。

国民品德教育，就是国家和人民群众之间产生的一条道，也叫国民道。人民群众中，也有领导和被领导的上下级关系。这种上下级关系，在古代就是君臣关系，也包含在国民品德教育里。

关系界定不清楚，做的时候就做不明白。马克思说过：一个成功的建筑师，头脑里必须有一张清晰的图纸，然后按照图纸去建设，建成后才能居住，这都是有步骤的。国民品德教育有两层含义：一是国家和民众之间的关系，二是民众中的上下级关系。当然国民与君臣也可并列，但不是六伦，可理解为古今互以为道。

我们把“五伦”比喻成航母舰队，这些小题目就是驱逐舰、护卫舰、补给舰，对我们实行五伦八德非常有意义、有价值。

先说一下**三心**：良心发现，贪心要去，妄心要止。

良心发现：用天地良心办事。

贪心要去：不一定全去掉，但我们得有意识把它去掉。一切想据为己有，又贪又占、又争又抢的贪心都要去掉。

妄心要止：止住妄想之心。一点儿都不切实际，就是空想，它不是梦想。梦想是一种理想，妄想是胡思乱想。

这些年，我总结出来“三不胡”，从妄心里出来的“三胡”，胡思乱想，胡说八道，胡作非为。

胡思乱想就是妄想，全是空想，我们要止住。每天都想着挣大钱，多挣钱，而且都是不义之财。要求完美、相当的高尚，可不去落实，全是空的。所以，我们不能胡说八道，更不能胡作非为。

三育：体育，智育，德育。

体育，贵在运动。如果不善于运动，身体肯定锻炼不出来。像体育运动员，每天都锻炼。有好多人身体不健康，通过跑步、爬山等方式，真的好转了。我们在运动时，专注于锻炼，把杂念也去掉了，所以运动促进身心健康。

智育，贵在专一，专心致志，也可以叫专心。就是心思往一个地方用，就像我讲“定、静、安、虑、得”，达到虑得的程度，才能生出智慧。像我们学习伦理道德，如果不能一门深入，肯定没有智慧，从事任何行业都如此。

德育，贵在实行。为什么我这德行不好？是没有落实做到。我们经常提到：真做、真行、真干，不做全部落空。实行五伦八德，实行孝悌忠恕，这三点很重要。

我们根据自身情况锻炼多少都行，但要想获得智慧，收获德行，必须达到实行专一。我们要做到古人讲的如如不动，能够进入静态就厉害了，这是三育。

三乐：父母俱存，兄弟无故，一乐也；仰不愧天，俯不怍人，二乐也；得天下英才而教育之，三乐也。

乐：欢乐，快乐。《诗经》里讲的乐土，就是这个乐，没有这个乐，不是真正的幸福。父母健在，兄弟平安，家庭和睦。这是不是一种快乐、一种幸福？这种快乐有多少人得不到？

仰不愧天，俯不怍人。大众不就是天吗？对得起国家和人民。低头的时候要对得起别人，起码来说，家里人、工作岗位上接触的人，我都对得起，没有亏欠，这境界不就在这里吗？我们学五伦，伦伦都能做到这样，那就圆满了。

得天下英才而教育之。我办一个品德学堂或传统文化课堂，天下英才都来到这里。通过学习教育让大家走上正道，将来继承中华优秀传统文化，那多好啊！这是三乐。

三本：天地者生之本；先祖者类之本；君师者治之本。

天地者生之本。对我们人来讲，生我们的根本是天地。没有天地，就没有自然界，我们就没法生存。

先祖者类之本。先祖就是祖先，一门一门的后代子孙虽不相同，但都是同类种族的祖先所生。古人讲："物以类聚，人以群分。"类：指先祖，是同类种族的根本。没有先祖怎么会有我们？

君师者治之本。治：治理，是孔子讲的第三科政事治理。当老师的在学校教育学生要立德树人。当领导的要把事办成，把企业管理好。我们古代的文化很丰富，我们要与时俱进，古为今用。

接下来我们讲：国家、国民和家庭。

第一，国家是国民小家的保护伞。不要忘记国家对我们的保护，没有国家，就没有我们，我们应当在工作岗位上尽职尽责。士、农、工、商、官，无论从事哪一行都应该尽忠，做好自己的本位，守职尽责。

第二，先有国后有家，先为国后为家。1949年前，国都没有了，哪有家？所以，先有国后有家，没有国就没有家。我出生于1952年，那时国家正在发展壮大。

第三，国家和国民的利益至高至上。习近平总书记说人民至上，还有一以贯之，现在党和国家对人民的推崇达到了顶点。我们讲国家国民的利益至高至上，我们每一个人心里有国家、有人民，才能把国家和国民的利益放在最崇高的位置。

为人最起码的常识，就是绝不能为满足自己的私欲而欺骗、坑害国家和人民，不顾国家和人民的利益。怎么体现的呢？我家在农村，前些年我回家，冬天有农民把砂子放在苞米里。黄砂子和苞米粒混在一起看不出来，一浇水沙愣愣的都寻思是苞米。这就是不把国家和人民的利益放在至高至上的位置，为国家交假粮，这就错了。

记得有一年单位分五常大米，回家一倒袋子，倒出来一块二三斤重的石头。前些年无论是精神方面的，还是物质方面的，有好多伪劣产品。

其实坑国家就是坑人民，最坑的是自己。所以，凡是国家人民的利益，我们任何人都不能侵犯。国家有什么困难，民众有什么需要，我们应该伸出援手。

国家是人民的代表，人民也是国家的代表，那么作为国民来讲，国家保护我们，我们应该怎样对待国家？我们爱国家、爱人民，必须从内心出发，落实到实际行动上。

国民这一伦特别重要。把我们一生的时间分配一下，在家里多长时间？在外面多长时间？我们走出家门，往往涉及外面两伦：国民和朋友。我常说这叫“三亲两熟”，家里父子、夫妻、兄弟叫三亲，家外的国民和朋友叫两熟。

如果说，我们国家像台庞大的机器，那么，开动时肯定消耗财富，消耗生产力。像发生洪水、地震、火灾等危难之时，国家无条件地保护我们，帮我们渡过难关。我们作为纳税人，是不是足额纳税了？有没有偷税、漏税？如果有这种行为，是不是错了？是不是亏了国家、亏了人民？亏了国家、亏了人民，公检法机关是不是会找你？所以，我们不要偷税漏税。

五伦是五种道德岗位，我在每一个岗位上是否进入了角色、是否尽职尽责了？换句话说，我作为工人，生产的产品合不合格？合不合乎国家和人民对产品的要求？

我在相应岗位上是不是不作为？如果我不作为、渎职，这都是对国家不利、对人民有损害的。国家是大保护伞。如果我们不好好工作，出厂的都是伪劣产品，偷税、漏税等，长久下去国家将承受巨大损失。国家强大，才能更好地保护每一个小家，所以我们要好好工作，报答国家的恩德。忠于国家是我们每一个人都必须要做到的。

有时候，我们去市场买菜，卖菜的说："老爷子，你快买我的菜吧，我这是小园种的，一点化肥没有！"这是啥意思？一点化肥都没有，把没有化肥的粮食、蔬菜卖给国家行不行？为啥自己家的小园不用化肥？其他都用化肥？好的自己留下，不好的卖给别人，这是不是公道？公则悦，这是不是公？家里来客人了，把不好的东西给客人吃，把好的东西留下，这是公心还是私心？是私心。

第二节　行大义

人民小家庭受国家大保护伞的保护。我们不能忘了大保护伞，心里要时刻想着国家和人民。

像电视连续剧，从古到今，能站得住脚被传承下来的，多数都是为国尽忠的故事。古人讲忠孝传家久。我们从二十多岁参加工作到退休，要工作四十多年，如果不好好工作，是不是亏欠国家？

过去我们坐火车、坐公交车，好多人不买票。我那时岁数小，不太懂，有时也不买票，学习完伦理道德后，从来没有不买票的时候。单位的同事总有人问我，你家咋没有药费条子呢？我说："没有啊！"他们又问："你不开药啊？"我寻思没有病吃啥药啊？我在单位好像没报销过多少药费，我想给国家省点儿钱不行吗？药这东西省点儿不好吗？我是这么想的，所以我就没有药费条子。

接下来讲一下国民上下级关系，包含四点。

1. 双方都必须以伦常为准则，做到自教、自约、自行

双方指的是上下级。双方都必须学习践行五伦，做到自己教育、约束自己，自觉行动，做到常态化。我们一定要记住，学八德、十义、纲常等都跟五伦挂钩，没有五伦，一切都没了，所以一提五伦，就表示所有的伦理道德都包括在内。

这些年国家大力提倡五伦八德或伦理道德。有些科学著作，国家在这方面做规划时，都有伦理道德的字样。各行各业都离不开伦理，因为它是做人的指导思想。

作为上下级，不这么做、不自觉去做是不行的，尤其是当领导的不这么做，怎么教员工？

2. 双方都必须热爱和忠于国家

有的师长学友说，之前不是提到忠于国家了吗？是提到了，但这个跟那个不重复，那个是全体国民都应该热爱国家、忠于国家。这个指企事业单位里领导与被领导之间，即上下级。主语一个是全体，一个是双方。

我们是为国家和人民工作，不是为某个人。我们要忠于国家，热爱国家，必须做出来。对国家一点儿贡献都没有，怎么能算忠于、热爱国家？

3. 双方都必须行大义，为天下同胞牺牲自己的一切

大义：大的道理、义理，非常正确的事情，每一个人都这么做，才合乎道理。这里的“大义”指为天下同胞牺牲自己的一切。为共产主义事业奋斗终生，国家需要你时挺身而出。这必须是真实的，从内心出发的，不是说我想要达到什么个人目的。

孔子和孟子，一个生活在春秋末年，另一个生活在战国时期。孔子曾周游列国，孟子也游过列国，讲过学。

《孟子》里讲，光车乘就七百辆，那得多少学生？浩浩荡荡像一支军队，但没有人害怕，为啥？圣人不会跟谁干仗，没有那种思想。儒家思想讲究的是内圣外王，注重人伦道德，从来不讲究打仗这一套。

孔夫子在周游列国时，被围困七天没有吃粮食，到宋国后，人家都不礼待，甚至骂孔夫子是丧家之犬。当时还有许多高人、隐士、逸士挖苦、讽刺，说都礼崩乐坏了，还讲什么伦理道德？在这种情况下，孔夫子说他们无非就是讲讲伦理道德，讲讲克己复礼，行个大义而已。

同样，孟子和学生不也是行大义吗？我们夫妻二人到全国各地讲公益课，不也是行义吗？但没有圣人行的义那么大，我们是小义。如果马克思和恩格斯不行大义，就没有马克思主义。如果孔子、孟子和他的学生不行大义，就没有孔孟学说。

汉武帝具有雄才大略。汉朝建立的时候，并不崇拜孔、孟。孔子还可以，后来才佩服孟子，主张“罢黜百家，独尊儒术”。

我们都知道，半部《论语》治天下。如果没有孔子和他的学生们共同行大义，哪来的《论语》？可能从汉武帝到整个清朝，两千多年的历史就成空白了。

凡是行大义之人，考虑的是天下同胞，心中装的都是别人。就算考虑自己，无非也就是能吃上、喝上、穿上、有个住的地方就得了，其他无所求。古人讲：人若无求品自高。你真行大义，就不求那么多了，私心欲望少了，品德高尚了。

现在全世界有很多人学孔子，并建立孔子学院，这就是行大义行出来的。毛泽东说："无产阶级只有解放全人类，才能最后解放自己。"这句话能不能站住脚？完全站得住脚。我们现在就是在一步步走这条路，通过学习传统文化，逐渐影响全世界。

之前讲过五舍——舍财、舍力、舍身、舍心、舍性，把这些舍掉，破掉贪字。现在有不少师长学友，线上线下开展伦理道德课堂，宣讲五伦八德，这不都是行大义吗？这不都是同胞大义吗？

中华优秀传统文化，具有无形的精神力量。中华儿女无论经历什么艰难险阻，都能在逆境中站起来，就是因为我们拥有中华优秀传统文化。所以无论是领导人还是被领导的人，都要忠于国家，忠于人民。同时要把格局打开，不要想着只是给单位领导或老板打工，我是给国家打工，古人讲我给老天爷打工。这么想，一定能把工作干好。

4. 上级仁慈的表现，这里也包含下级忠诚的表现

意思是：当领导的怎么做到仁慈？当下属的怎么做到忠诚？虽然之前讲过这方面内容，但这里还需要强调一下：我们实行五伦八德，要无条件尽道，也就是尽职尽责，行十义。

例如，你跟领导说："领导，你看我工作干得这么好，多给我发点儿奖金呗？"领导说："老张，你得多干点儿啊！"这是什么？互相要道。我们强调要尽道，尽职尽责，不向人要。

父母也是一样，如果他们说："儿子，你快给我们尽点儿孝吧！"父母这么说，掉不掉价？什么时候也不能说这话呀，儿女也一样，现在不少儿女说："妈、爸，你们关心关心我吧！"这全都错了。因为你要不来，反而生气了。和父母要慈你能要来吗？父母向儿女要孝，能要来吗？孝道能要来吗？要不来。

我们学习五伦八德，就是要竭尽所能，尽职尽责。道是尽的，不是要的。当父母的给予儿女无条件的慈爱，那么儿女对你的孝顺和尊敬可能就来了。在单位也一样，当员工的无条件地忠于领导，忠于国家，当领导的无条件地慈爱下属。

各位师长学友，我们讲过实行五伦八德没有条件，没有限制。如果有条件就有限制，有限制就有对立，有对立就有矛盾，有矛盾就有竞争，有竞争就有斗争，有斗争就有战争……所以，没有条件就好了。

第三节　当领导要仁慈

那么当领导的怎么做到仁慈？第一，以五伦为准则做言传身教的榜样。第二，关心爱护下级。第三，同心同德，上下和气。第四，修好自身品格。

大领导我没当过，只当过小领导。我在建材公司机关职工学校教学五年。其实，我根本不是教学那块料，后来就下到企业金属厂，搞过宣传，当过厂长办的秘书，搞了十二年职工技术教育。再后来搞纪检监察、信访，最后搞政工，下车间当支部书记。其实我能力有限，在此感谢领导厚爱。

当领导要仁慈，真正的仁慈是关心爱护老、中、少。对待老年人，像对待自己父母一样；对待中年人，像对待自己兄弟姐妹一样；对待晚辈，像对待自己儿女一样。首先确立这种态度，这是仁慈。

有一些企事业单位，尤其是个人的公司，雇不到人。为啥雇不到人？跟我们对待员工的态度有关系，没有仁慈。你不仁慈，别人就不给你干，所以雇工困难。

有一年，经组织讨论研究，认为我人品和工作态度不错，提拔我当厂长办秘书，认为我能胜任。其实我感觉自己不能胜任，为什么？我不会说，不会来事，能力也一般，不太会写总结，写论文也不太专业。

有一次，书记给我出难题，让我写保密论文。我没写过这样的论文，这属于额外的活儿，但领导安排的必须得干。上指下派，这是天职，得服从命令。明理之人肯定尊敬长上，服从领导，明理达时，虚怀若谷。我比别人的活儿多好几倍，只能白天干完其他工作，晚上回家贪黑写。论文写完我就交给书记了，这个工作算是圆满完成。

一天，党委书记说："邹殿斌，咱俩去公司开会。"我也不知道开啥会，就跟着去了。人不多，四十多人，都是各单位的书记和写文章的办事员，一个单位俩人。当时我们公司下属单位有十八个，员工五六千人。

我明白了，这是要念论文，谁写的谁念。我的论文好像是合格了，让我上台去念，下面人听着，互相学习学习。我们书记在我们公司挺有名，论文写得挺好，这样一念给领导争光了。我心里感觉挺好，念完就回去了，也没说啥。

又过了几个月，给我发了一个获奖论文证书，得了二等奖。上面有两个名字，一个是公司书记的名字，另一个是我的名字，证书到现在我还留着呢。

我们对领导的态度就一个"忠"字。领导交代我们的活儿，要无条件完成。

1987—1989年，我经常去辽宁的姑奶那取经，取什么经？五伦八德。我姑奶有一个好学友，比她小三十多岁。这个学友的丈夫是鞍山市钢管厂厂长，当时快退休了。他负责职工生产，很多方面都遇到了障碍。

这厂长学习了伦理道德后，他感觉挺好，认为这是利国利民的事。他改用五伦管理厂子。怎么管理呢？挺有意思，他给职工开会讲五伦八德，讲明白后，如果职工回家不好好尽孝，跟父母生气，记上；夫妻干仗，记上；哥兄弟打架，记上。在单位，领导、同事之间干仗或出了什么状况，记上；工人不好好工作，平时打麻将、打扑克、在岗位上喝酒的，都记上。

等涨工资或年终奖励时都有说法，五伦做得不好，情节严重的就不涨了，轻的少涨半级。搞得挺好，他本该60岁退休，领导不让退，干到75岁。

因为他干得好，上级奖励他一台汽车。好像是1994年，我坐过一次。据说是日本进口的高级轿车，价值四十多万。没有所有权，只有使用权，不用自己花油钱。

我在车队当书记的两年时间里，五六十台车，一点儿安全事故都没有发生过，为什么呢？我和主任、副主任配合得好。各单位车间一级领导，早晨都有晨会，一般在调度室开。很多单位都是主任参加晨会，书记参加的很少。我不一样，我觉得同样拿工资、拿奖金，人家主任开晨会得比我早来一小时，我当书记的怎么能搞特殊化，不参加晨会呢？

所以，每次晨会我都参加。为啥？我当一个小领导，是不是得给职工做表率？我们早上七点半上班，我六点半准时到厂子开晨会。晨会一般半小时左右，各单位领导和办公室主任都参加。开晨会时，领导通知去哪我必须去，开完，我就打扫卫生，迎接工人上班。

晚上主任啥时候走，我啥时候走。有时候等司机收车，司机五点没回来，主任不回家，我也不下班，无形中加了班。车没全部回来，我们绝不走，等都回来再一起走。这样，晚回来的和有事外派出去的工人，回来一看书记和主任都等着他们呢，心里是不是很温暖？

我一般不批评员工。有一次，两个司机和外面人打架，人家单位找到我们车间。问题不太大，但也是个事。车间有好多年轻司机，得说一说。怎么说呢？上来就批评，他肯定不得劲。

我办公室放着《资治通鉴》《续资治通鉴》，没事就看，一天看不少页。《资治通鉴》里讲古人如何做事。下面员工犯错，不批评下属，而是自我批评、自我检讨，就把底下人感化了。

我心想这招挺好，学到手了。司机跟外面人打架，多少是给厂子抹黑，但不严重，不过也得教育。我就自我批评：是我做领导的不称职，做的不到位，竟然有职工出外发生口角。这不是他们的问题，不是他们的过错，是我的过错，是我没做好。我对不起职工，对不起他们的父母……说完员工掉眼泪了，说："书记，不怨你，怨我自己。"你看效果挺好，员工心里还挺舒服。

我把员工当作我的亲人，岁数大的，当作父母对待；岁数相仿的，当作兄弟姐妹对待；岁数小的，当儿女对待。他们有啥事我都问一问，只要在我的能力范围内，我都帮忙解决。

每次听说员工本人或家属生病了，我都和主任约时间，一起骑自行车或坐车去看望。车间有点儿闲钱，我们买点儿慰问品带上。领导要关心爱护下级，做到仁慈。我们做领导的去员工家里看望，员工和他的家人怎么想？不是东西多少的问题，他们感受到了领导的关爱，心里温暖，开车安心，不容易出事。我们能做到这一点，员工没有后顾之忧，在工作中无条件服从领导安排。我们上下和气，同心同德，大家对我们非常尊重。

我们厂子有1000多人，其中干部200多人，工程师50多人，技术员10多人。我负责职工教育。全大庆各单位考核时，这些工程师是考核员，我这属于派出单位，往外派人。每年涨工资或者季度考核，全油田考核，这些人都由我派出，多少年，从没出过错。

我干活儿认真，工作落实到位。那时只有单位有电话，没有手机，有人家里也没有电话。联系不上的，我就亲自去家里通知。哪怕半夜，我也得把人找着，告诉他明天去哪儿监考。就这样，一次没耽误过。

我们单位工种最密集，属于技术型的，三类压力容器是我们制造的，我们的技术水平不低，光工种就有五十六个。这些工种编教材由我负责，由工程师编。我还负责考核，公司上上下下，我们关系都很好。

到下属单位车间，或到横向各部门办公室、生产办、技术

办等去安排活儿，人家都乐呵地完成，为啥呀？因为我底打得好。他们知道我的为人，诚信忠实，这样就很好办。

我搞职工教育，领着职工培训，涉及焊工考证，得到市劳动局盖章、取证，所以我得跟劳动局的相关人员打交道。公司领导都同意，我就去干，干得挺好。厂里的电焊工、火焊工，还有自动焊工，需要两年一考核。凡是考核都涉及去劳动局办事。领导安排的事，用一句土话形容：头拱地也要办好。我就是这样的性格。

我们上下级关系挺融洽。我没有贪心，每年公司给点儿奖励，我一分钱不多拿。工作是大家干的，不管奖金多少，我都给各相关办公室负责人和各车间的负责人分了。所以从来没产生过矛盾，和这些人的关系一直保持得挺好。

那我们需要修养什么品格呢？

第一，脾气好不好？跟职工是不是吹胡子瞪眼，你不打人，天天骂骂咧咧，嘴不干净也不行。

第二，私心欲望重不重？是不是太自私？是不是好争贪？

第三，修身做没做到？也就是修自己的品格，自己的品性。是不是好吃喝嫖赌吸那一套？有没有男盗女娼？

第四，努力修养品格，这是人格问题。行五伦以身作则，做言传身教的模范，特别重要。关心爱护下属。上下和气，同心同德。

古人讲：其身正，不令而行。你看古代和现代一样，为啥人家企事业搞得那么好？是不是跟这几条有关系？人品是一面镜子，如果领导品格好，能够以身作则，树形象，做榜样，将人品这面道德旗帜鲜明地立在那，给大家看，这样大家都会有一种敬畏感，是不是？

第四节　做下属要忠诚

关于下级忠诚的表现，这个看似老掉牙的题目，却古老长新。回顾数千年乃至上万年的历史，凡做事者，必须做到忠诚。尤其是在社会上，不忠诚对国家和人民不利。

生产伪劣产品，坑害多少人？过去一到商店，都担心东西真假，弄不明白。后来总结出来，一个糊弄一个。怎么叫一个糊弄一个？卖糖的糊弄卖大米的，卖大米的糊弄卖菜的，卖菜的糊弄卖衣服的，卖衣服的糊弄卖鞋的，卖鞋的糊弄卖家具的，卖家具的糊弄卖电器的。你糊弄我，我糊弄你，互相糊弄，恶性循环。

通过这些年的打假，情况逐步好转了，我们在市场买菜，都能体会到，化肥成分减少了。化肥上太多，粮食不好吃。岁数大的都知道，没放化肥的白菜，吃着有点儿甜，化肥多，有一股其他的味道。所以忠诚特别重要。

一、严格要求，自树形象

当员工的即下级，按理在工作岗位精通、运用一伦就行，为什么要用五伦呢？因为五伦是一体的，分不开，伦伦都得做。五伦做不全，不能自树形象。

不严格按五伦要求自己，形象树立不起来。打个比方：总在一起共事，谁的家庭关系如何，久而久之互相都有了解。谁家啥样，单位的人都知道。

如果父子、兄弟、夫妻这三伦都没做好，那在工作岗位上也未必能做好。因为行五伦孝悌为先，父子兄弟关系处理不好，孝悌做不到，在单位能忠于领导吗？不太可能。外表上看好像能，其实做不到。例如：一个既孝顺父母，又兄弟和睦的人，在同样的工作岗位上，在同等条件下，他比不行孝悌的做得好。

古人有这么一种说法：忠臣上孝子家去找。根本就在这里，忠臣都是孝子出身。有人说：不一定吧？研究两弹一星的科学家，离开父母那么多年，父母都不知道他干啥，没名没利，他也没尽孝呀？错了，人家尽了大孝，为国家为人民尽孝，为天下父母尽孝，对不对？人家是大孝子。

二、爱岗敬业，不计得失

这比较难，我们可能能够合作共赢，但能不能不要工资？

当然不能，没有工资没法养家糊口。工作之外，不额外谋求什么利益；工作之内，不计得失，这是最重要的。一个人如果在孝悌上能做出来，他走到工作岗位上，也能考虑到这一点。

关于爱岗敬业，有一个事例可以说一下：从秘书岗位下来，领导安排我从事职工教育。我在秘书岗位上做得不太多，当时企业有奖励级。我们厂长通过办事员跟我说，要我写申请，可以给我奖励级。我没要，为啥没要呢？那时我的工资已经比同龄人高出两级了，就没写申请。

我从事职工教育时，组里又下来奖励级指标，又找到我，后来还找过我两次。我说以后再别找我了，奖励级我指定不要。因为我已经比别人多两级了，不能贪得无厌，不能再要了。我的奖励级不是争来的，都是人家主动给的。我不争不抢，不要名利，这辈子都没争过。不是做得好，是应该这样做，是我的本分。

不计得失，怎么理解？1999年，我下派单位当书记大约有半年时间。厂长叫柴可夫，办公室主任姓杨，他们找到我说："邹老师，厂办研究决定调你到办公室，写金属结构厂厂志。"我一听，这是领导安排的。凡是领导安排的，无论有没有能力去做，都要无条件服从。我说："好吧，啥时候开始？""车间的活儿你还得做，你先交代交代工作，准备一下后天去报到写厂志。"我说："好吧。"我把车间的事安排好，第二天就到厂里报到。

报到后，给我派了两个大学生，配合我写厂志。厂办主任领了几支钢笔，还有一摞子稿纸，把过去那些资料都拿出来，让我参考。我们三个人先写，再打字。一本厂志三百多页，一共用了四十多天，连起草带打字，反复校对，速度也不慢。

我没有权力直接交给厂长，就把写好的厂志交给厂办主任了，由他交给厂长。不几天，可能厂长翻了翻、看了看，找到我说完成得挺好，就完事了，可以回单位工作了。

写厂志，属于兼职。单位的活儿，我还得干，虽然安排了，但我做了两项工作，对不对？我回去什么也没想，因为我习惯了。可是我的两个助手说话了，他们说："邹老师，车间把我们派出来，厂子里给工，来一天画一个工，四十天画四十个工，我们不兼职。"这是啥意思？他说："邹老师，我们都无所谓，你说你兼职干这么多天，厂子没给咱点儿报酬，奖金也没有，哪怕请咱们吃顿饭也行啊。"人家说得有没有道理？有道理。我想这可能是对我的考验。我从1987年学习传统文化，之前受祖宗影响，关于这事我啥都没寻思。

学习传统文化，我明白了不计得失，不考虑得失的问题。但两个大学生寻思：单位有钱，就算没钱，你画工也行，一个工没给，一分奖金没有，一顿饭也没有。这样的事在我们厂子绝无仅有，我就摊上了，你说叫不叫好事？一分钱没得着，是不是对我的考验？

我啥也没寻思，我说："二位，我是这么想的，我虽然比你们岁数大，但咱们都一样。咱们打工不是给厂长打工，而是给厂子打工，给公司打工，给国家打工。虽然工资、奖金什么都没有，但咱们为国家做贡献了，多好啊！”这么一说，这事也就完了。

估计那两个大学生得寻思，这邹老师傻透气了。其实我一点儿也不傻，我干过纪检监察和信访工作。有人问我：“你搞纪检监察和信访，没有人给你送礼吗？”我说：“没有啊！”他们说：“怎么能没有给你送礼的呢？”大家都不相信。我说：“真没有！也算有。有一年元旦，一个车间送我一本挂历，算不算？”他说：“那算啥呀？”我说下面那么多单位，就给我送过一本挂历。我挂办公室了，其他再没有过。他不相信，但这是事实。

另外，话说回来，我在车队当了两年书记。当书记期间，有什么事我都骑自行车，我们厂的车，我一次没坐过。有多少次司机说：“邹书记，中午吃饭我给你送家去，上班我再给你接回来。”我一次没用过。为啥？坐公车回家也好，办事也好，司机开车的磨损费谁出？油料费谁出？司机费用谁出？这些跟车有关的费用谁出？谁坐车，费用是不是应该谁出？合不合理？有人说我守旧，不会享受。

我公开跟司机说：“我不能占公家便宜。”我不愿意跟司机一起吃饭，为什么？天下没有免费的午餐。吃人家的嘴软，拿人家的手短，所以这饭不能吃。

刚参加工作时，我在公司住了十年宿舍。单位伙食好，每天中午、晚上牛肉、猪肉、羊肉比较少，但鱼和蛋不少。红焖肉、红烧鱼、炒肉片，三毛五，那十年我也没吃上十次，为什么？我给自己规定一天生活费四毛五分钱，不能超。

建材金属结构厂，之前属于建筑公司的东三厂，就是现在的萨尔图东道口水泥厂，离冷库很近。每天中午、晚上食堂都有五香排骨，两毛五一斤。我在这食堂吃了五年整，五香排骨一次没吃过。为啥？因为我爷爷、父母都还没吃着，我不敢吃，觉得自己不能吃。要说馋不馋？真馋，那味儿可香了。牛肉也一次没吃过。红烧肉、红烧鱼也馋人，但一想到老人都没吃过，我就不馋了。算计算计生活费不能买。总共吃了十年食堂，吃红烧鱼没超过三次。

有人问我，我说吃过，不然逼着我买，我也不跟大家在一起吃饭。交的朋友如果整天在一起吃喝，就不能交了。因为我没有钱，参加工作了，不能再向父母要钱了。

我一个月工资18元，伙食费和其他费用加一起要花13.5元，剩4.5元回家给老人买点东西。这钱就得省着花，宁可少吃，甚至不吃，也要把钱省下来。自己啥家庭自己知道，所以，我不跟亲戚朋友喝酒。会不会喝？喝二两没问题。为了避免吃吃喝喝，我就装。我这人有个毛病，喝一口酒脸就红。我借着这个理由，躺下好几次，以后就不找我了。他们说可别找他了，大邹子一点酒量没有，这笔钱就省下了。这些人充其量算酒肉朋友，能办啥事？能解决什么问题？真正的道义朋友，我们需要，酒肉朋友我们不需要，这里单说酒肉朋友。家里有父母，还有妻子儿女等着吃饭、穿衣。钱不能挥霍，得控制自己。

我和妻子去市场，买蔫巴的菜，买壳破的鸡蛋。这方法挺省钱，省钱干啥？不为发家致富。我们这些年办传统文化课堂，印传统文化书，出门讲课做路费，都挺好。其实身体健康，能吃上能喝上就行，床有三尺就够用。房子太大，天天伺候房子，累得腰酸腿疼不合适。

爱岗敬业，不计得失，把工作干好了，不让领导操心。我接手职工教育前，我们厂子在全公司没名次。我接手后，头一年全公司第三，第二年第二，第三年第一。从那以后，年年第一，不但给厂子争光，而且在全公司拿奖金时名列前茅。

三、团结同事、齐心合力

厂里办公室有十几个，整个四楼都是。之前还有各车间搞职工教育的人员，纪检监察和信访，书记等，都是上下级关系。上传下达都得搞好关系，不吵不闹，有啥事商量着解决。解决不了的跟领导说，领导说怎么办就怎么办，那就没问题了。古人怎么说？干活儿不由东，累死也无功。真是这样。

在政工组时，我们十多个人，有打字的，有组织干事、宣传干事、团委书记、党办主任、工会主席副主席、工会办事员、

武装保卫等。大家在一起很和气，有活儿大家干。互相之间不能挑毛病，一挑毛病工作干不好。

我们组分菜不用称，一扒一堆。肉有肥有瘦，我们几个领导先不拿，好的让别人先拿，剩下的我们拿。鸡蛋有干净的、有脏的，我们要埋汰的，这样不起纷争。人家要多的，我们要少的。我们办公室可团结了，大家齐心合力，很和谐。

四、遵纪守法，遵行美德

凡是国家法律法规、乡规民约，包括一些忌讳，我们当员工的都得知道。遵行美德：凡是美德，都遵照去做。

我在广东佛山讲课时，有个老总姓吴，他说："之前我这厂子浪费粮食很严重，直径一尺半，半米高的桶，每次吃完饭能倒半桶。李老师来了后规范得挺好，职工懂得节约了，直径不到半尺的小桶都倒不满，效果挺好。"

他说这李老师有点儿不太会做事，职工反对他，什么原因呢？职工吃香蕉，吃完把皮扔地上了，李老师马上捡起来，职工就恨他。我们要遵循美德，做无名英雄。香蕉皮也好，其他垃圾也好，人家扔了，别当人家面捡，这是当面羞辱人，是不是？等人家走了你再捡起来，人家就不骂你了。后面的人看见后，会跟他说以后别扔了。你看你扔了，李老师背后捡起来了，人家没当你面捡起来怕羞辱你，这叫遵循美德，不要名不要利。

一切法规、厂规都得遵守。到哪讲课，问问当地有没有什么忌讳？有没有什么说法？问清楚明白，不要触犯。我在东莞讲课，课后吃完饭，就把碗摞上了，在惠州也是。人家告诉我："邹老师，以后吃完饭，碗千万不要摞上，这比骂人还严重。"各地风俗不一样，像北方就没有不能摞碗的说法。那么，咱去一个陌生的地方，最好先问问，避免犯忌。

第七章　父慈子孝（父子道）

第一节　文化基础

家训云“第二伦父子教国民父教，父母为国父母传人道苗。”意思是说要培养儿女根本的德行。“有国家有民族血统老少。”人类社会就有这血统关系。“少敬老老慈小父子教条。”这一伦在家庭中非常重要。

父子品德教育，是指父母和子女之间的伦理道德教育。

父子伦涉及的内容很多，为了便于理解，先把其在伦理道德中通用的三顺、三畏、三争、四顺、四逆、九思、三不孝讲一下。

一、三顺

三顺：指顺天命、顺亲心、顺人情。顺：顺应天地自然。天命：我们现在所做的工作。顺应天命就是把工作干好，遵时守位，尽职尽责，多多行道做德。亲，指父母，顺亲心就是顺从父母的心。顺人情，居家过日子，父母、子女、邻里之间要有人情往来。就像别人家有事，我们不去帮忙，等咱家有事，别人也不会来。尤其是婚丧嫁娶，需要众人帮办的事，如果不顺人情，就没有人缘。

二、三畏

三畏：畏天命、畏大人、畏圣人言。这里的“畏”不是害怕、畏惧的意思，是尊敬、恭敬、服从、服气的意思。天命，是指我们正在从事的职业，把这份职业努力做好，就是敬服天命。

1. 畏天命

用自己的职业为国家尽忠，报效祖国。像教师、医生、农民等，无论从事什么行业，都不要忘记初心，要尊重自己的选择。

2. 畏大人

大人是指品格高尚、地位高贵的人，他们往往有能力、有智慧、品德好，我们应该尊敬、敬服这样的人。

3. 畏圣人言

敬服品德高尚的人所讲的话。圣贤指品德高尚的人。古代根据品德将人分为五个层级：圣人、贤人、君子、士人、庸人。圣人品德最高尚，其次是贤人，君子比贤人差一点。士人在古代相当于现代的知识分子，比君子差一点。庸人是平凡普通的人。这种划分方式和地位、权势无关，主要用道德品质来衡量。

三、三争

三争：争道德、争工作、争罪过。

在讲伦理课时，常常谈论争贪问题，我们反对争贪名利，但要争做道德。

《道德经》里说“夫唯不争，故天下莫能与之争。”“微明，柔弱胜刚强。”“天下之至柔，驰骋天下之至坚。无有入无间。”这几句讲的是无为、柔和，不争之德。

在生活中，我们争什么呢？若真争，就争道德、争工作、争罪过，而不是争强好胜，其争也君子。争着做道德，在工作岗位上争先锋、树榜样，这需要争。

争罪过，属于道德层面。平时在工作和家庭中，出现错误和过失，需要道德品质高尚的人主动站出来承担，把罪过争过来。如果都想往外推，不愿承认是自己的问题，那么，事情就不会平息，影响和睦。这种争是不是很重要、很高尚？

四、四顺

四顺：赞、美、益、顺。如果有人故意赞赏我，我能不能得意忘形？自己根本没达到这种程度，却得到别人的赞赏，我动不动心呢？美：美丽、美好。没做得那么完美，别人却来赞美我，我能不能知道自己半斤八两？益：好处。别人拿好处送给我，我能否分辨是不是糖衣炮弹？能不能上当？通过学习伦理道德，会让我们心亮眼明，增强我们反省自观的能力。例如：这件事本来是我做得不对，可别人却顺着我去说、去做，让我犯更大的错误。这时候，就需要我们有智慧、有辨别力，能知己知彼，避免一错再错。

五、四逆

和四顺对应的是四逆：嫌、谤、逆、逼。例如：在某件事情上我付出很大的努力，可是同事、家人依然嫌我做得不好，为此我动心不动心、生气不生气？遭受别人诽谤、诋毁，我吵不吵、闹不闹？动不动气？逆境时着不着急、上不上火？总之，我会不会因为这些外在的因素而影响自己的心性？

古人讲："以不变应万变。"修道做德时心境不要随环境变化而变化，要守住自己的初心。我们常常会遇到计划不如变化快的事，甚至会被逼迫、被迫使去做什么事儿，我能不能受得了、守得住？动不动心？发不发脾气？

北宋文豪苏东坡曾写过一首诗偈："稽首天中天，毫光照大千。八风吹不动，端坐紫金莲。"

这里的**"八风"**是指八种境界：称、讥、苦、乐、利、衰、毁、誉。别人来赞美我，我高不高兴？乐不乐？做生意赚大钱

了，是不是乐得够呛？人一乐得够呛，是不是得意忘形、不知道东南西北了？是不是也忘了自己姓什么了？有了钱马上趾高气扬，好像世界都装不下我了，是不是有这种情况？就好似金玉其外，败絮其中，外强中干，没有真东西。

这八种境界在我们的生活中轮番上演，生活就像是一个“炼人炉”，这可不是火葬场的炼人炉，而是锤炼人道德品质的“八卦炉”。家庭和社会中处处都在炼人，炼什么？炼出真金。真金是什么？高尚的道德品质，也指高贵的人格。

一个人从衰败走向成功，这个过程极其痛苦，会不会心烦？会不会生气？会不会沉沦？会不会萎靡不振？这些都在考验我们意志是否坚定。遇到磨难时，道德事业还干不干了？还修身齐家吗？传统文化是否继续弘扬？是否会有“八风吹不动，端坐紫金莲”的境界？

六、九思

还有**九思**，孔子曾说过：“视思明、听思聪、貌思恭、言思忠、色思温、事思敬、疑思问、忿思难、见得思义。”君子要有九件思考的事情，依次解释为：

1.视思明

看人、事、物要分得清是非，辨得明真假，要把人和事看得通透，不可以有丝毫模糊。

2. 听思聪

耳闻声音而心能辨别其真伪，不能够含混。

3. 貌思恭

容貌要谦虚恭敬有礼，不轻狂、轻视他人。

4. 言思忠

言语要忠厚诚恳，没有虚假，不能阳奉阴违，心口不一。

5. 色思温

脸色要温和，言语要温润，不可以显得严厉难看。

6. 事思敬

做事要认真负责，敬业守本，不可以懈怠懒惰。就像太阳、月亮早升晚落，这个规律从古到今就没变过，这叫真正的敬事。

7. 疑思问

有问题时，要不耻下问，不可得过且过。《论语》里也讲这非常重要，时刻都得运用。

8. 忿思难

生气的时候，要想到灾难后果，不可意气用事。你不愿意了，生气了，考虑到别人没有？

9. 见得思义

遇到可以得到的利益时，想想是否合乎义理。君子爱财要取之有道，切不能把道义放两旁，把利字摆中间。

七、三不孝

三不孝：阿意曲从，陷亲不义；家贫亲老，不为禄仕；不娶无子，绝先祖祀。

1.阿意曲从，陷亲不义

明明知道父母这样做不对，还阿谀奉迎，顺从父母，陷父母于不义。这种情况很多，因子女盲目屈从导致父母犯错、犯罪，儿女也有责任。

2.家贫亲老，不为禄仕

家里贫寒，但我很孝顺父母，即使社会、国家需要我做事，给我俸禄，我也不去。这种不为国家尽忠的行为，也是不孝。

就像我和妻子常年在外面讲课，一周或十天、八天给我父亲打个电话问好。每次我父亲都说："不用管我，我身体挺好，你弟弟、妹妹伺候得也好。"一天我和他说："我不出去讲课了，在家帮帮我弟弟，伺候伺候您老人家。"我父亲说："不用管我，你在家是小孝，在外讲课是大孝，在外面放心干吧。"你看老人说这话，那我就干吧。

我和妻子是长兄、长嫂，我们经常到各地传统文化课堂讲五伦八德。我二弟、二弟妹在家乡办了个传统文化小课堂，和乡亲们一起学一学、谈一谈、唠一唠，解决家庭矛盾，助力每一个家庭和睦幸福，为社会和谐多少做点贡献。我父亲的生活起居主要由我三弟、三弟妹负责，伺候好几十年了。有大事的时候，大家一起做，没啥事，各自生活，行道做德。

弟弟和弟妹们都非常支持我俩，他们把孝敬老人、办小课堂的事担起来，让我俩在外面安心行道做德。我们三个家庭分工明确，非常和谐，兄弟之间从来没有因为钱财起过争执。

3. 不娶无子，绝先祖祀

现在有些年轻人，只想享受生活，不结婚生子，这是不对的。古人讲传承，娶妻生子是家族血脉的延续。那么，不娶妻生子就是自断家族血脉，祖辈先人无人祭祀，自己到了迟暮之年也无人奉养，晚年生活会有很大困难。所以不娶无子，绝先祖祀也是不孝。

上面所讲的内容，需要一个长时熏修的过程。就像驾驶员，一年半载的驾驶经验都不行，得开个三五年，才能算上手。真正的好司机不但会开车，而且会修。大毛病可以不会修，小毛病要会修。机器性能、操作规程都要熟知，这样才不会出现事故。学道亦如是。

就像中医配药，很多药方中会有同一种药，别以为这是简单的重合，同一种药在不同药方里起的作用不一样。就像女人，在孩子面前是母亲，在丈夫面前是妻子，在父母面前是女儿，在公婆面前是儿媳妇。同一个人，在不同人面前，角色和作用不同。

上面讲的三顺、三畏、三争、四顺、四逆、九思、三不孝，这七个小题目贯穿整个伦理道德的始终。别小看这些内容，走到哪儿都能用得上，特别重要。

做人既要遵循规范，也要灵活应变。人伦大道是规范、是准则，必须掌握。五伦，不是干干巴巴的几个字，我们要理解其中含义。一个人从生到死，五伦都贯穿其中。

经典中讲："夫天地之间，为人最胜最上者，贵于一切万物。人者，真也、正也，心无虚妄，身行正真。左撇为真，右捺为正，常行正真，故名为人。是知，人能弘道以润身，依道依人，皆成圣道。"

所以说，我们在人世间首先要做一个心无虚妄、身行正真的人。只有人做明白了，才知道脚下的路怎么走，才知道该做什么，不该做什么，这也是我们要学习伦理道德的原因。

第二节　为人父母

一、太爷对子孙的教导

天地人三逢道在五伦常
父作之子述之忠孝贤良
哪一家无儿女严慈教养
哪个人无父母孝顺爹娘
父母心人人为儿女高想

教养成子正路士农工商
儿孙计费尽了想好后望
望兴家立业子振起家邦
父母为儿女心时时不忘
为人子有几个知惦爹娘
娘母教爹父教尊亲敬长
长幼序尊卑礼家教纲常

如果父亲做到忠孝贤良，儿女也能效仿做到，这叫父作之，子述之。

娘母教，当娘做母亲的；爹父教，当爹做父亲的；尊亲敬长，尊亲就是孝敬父母，敬长就是恭顺兄长。长幼有序，尊亲敬长，是礼，是家教纲常。

说到家教纲常，我们看一下“四家”。

家道：孝悌伦常。

家法：法律法规。

家教：遵规守法。

家风：风气习俗。

家道：孝悌伦常、五伦八德都包含在内了。家法：国家的一些法律法规、伦常道德，就是大规大法、大经大则、大根大本，落实到家法中尤其重要。家教：就是教前两者，教五伦八德，大根大本，在家里实行孝悌伦常。家道、家法、家教这三者都做到了，那么家风就出来了。

家风是家里好的风气习俗，优秀、善美的家风，简称善风。通过上面的分析，我们要知道家教教的是什么，通过家教能产生什么样的家风。

常言说行行中全能出状
状而行幼而学百业百行
行行在人自成高低下上
上治成有为子与父增光

意思是：父母要教导子女，无论从事哪个行业，只要用心都可以成为行业中的精英。

“行行在人自成高低下上”，高就是高等民（人），有知识学问的人。低是下等民（人），一般就是普通人，或缺少知识学问的人。上是上等人，是从品德上区分的（但往往指地位）。道德品质高尚的人是上等人，下等人是相对上等人来说的，道德品质低一点的人。

哪家父母都希望儿女成为高等知识分子，有地位、有学问，能成为道德品质高尚的人，人上人、成圣成贤。父母嘴上不一定这么表达，但心里都想着孩子将来能有出息，想着我儿子将来可能当县长，我姑娘将来是不是能成为科学家？天天都盼望着能实现。不要总是妄想，关键要下功夫培养。“上治成有为子与父增光”，上治成，指把儿女治化成有知识的高等民，有品德的上等人。

光门前在人子发达有望
显父母教养功有好儿郎

光门前：发扬前业，光耀家门。在人子：当儿女的。当儿女的发达有望，有这样的好儿郎，才能显示出父母教养的功夫。

咱莫论人家子好歹怎样
父要学窦燕山教子义方

大家都知道窦燕山，本名窦禹钧，是五代时期人。他家在蓟州渔阳，地处燕山一带，因此后人称他为窦燕山。窦燕山有五个儿子，在他的教育培养下，都考中进士，成为国家栋梁。窦燕山将五子培养成才，他的义方家法，后来成为人们争相效仿的榜样。

教子法在平常教诲蒙养
养儿教教不严父之过当

于我而言，我虽然很注重伦理道德，但长年在外行道，对子女疏于教育，缺少对他们的关爱，所以教育得不算好。儿女们有怨，我心知肚明，在这件事情上，我有遗憾，心怀愧疚。

孩子幼小时，绝不能疏于教育。疏于教育多少年就是多少年的空白，等他成家立业后，就把空白还给父母，对父母是一种惩罚！就像种地，这块地我当时没种，种了又没伺候好，等到秋收，那些苗自然打不下来粮食。

对孩子教育也一样，我这方面做得不合格。我们夫妻俩也反省，我们失职，没教育好孩子。所以说，父子品德教育太重要了。我们不求孩子大富大贵、飞黄腾达，但无论如何要把孩子的品德培养好，这样孩子长大后无论干什么，我们都放心。

如果孩子品德保不住，那未来就会流毒家庭、社会。父母操一辈子心，尤其年老时更糟心，现实中属实如此。上文讲“养儿教教不严父之过当”，孩子没教育好，父母就要承担责任，谁也赖不掉这个账，谁欠的账谁来还。

父母就是演戏，用心来演，演完儿女接着演。父母咋演儿女就咋演，都是自编、自导、自演。人生就是一场戏，本来都是假的，但大家却当真了。

当人道个人有良知能长

长其长亲其亲天下平康

父子、兄弟之间，要按照父慈子孝、兄友弟恭这样的规范去做，那样才能家庭和乐、天下平康。

我们说父母为国父母，同理，儿女也是国家的儿女，不要把彼此当做私有财产来对待，当成自己家的，那不行。我的父母是国家的父母，儿女也是国家的儿女，我们不但要为家庭负责，还要为国家负责。为国家培养什么样的儿女？危害社会可以吗？不行啊！个人和家庭是构成社会的细胞，我们都是一个整体。如小小的破伤风会引起心血管疾病、呼吸系统损伤，严重的会引起呼吸衰竭，有生命危险。一个小伤口，可能酿成一个悲剧。所以我们要为国家考虑，不要太自私。

记得2017年和2018年，我们到浙江讲课。当地有一个郑氏家族，又称郑义门。明太祖朱元璋亲赐牌匾“江南第一家”，宋、元、明三代正史为其作传。郑宅是浙江省廉正教育基地，很多人慕名而来，感悟崇德尚廉的文化内涵。我讲完课后到此参观，郑家第二十六代子孙郑定根接待我们。郑家老宅有九百多年的历史，历经宋、元、明三代，十五世都在这里居住，从没分过家。三千人和睦相处，以孝义治家，名冠天下。三百六十年间，郑家共出了一百七十三位官员，没有一位贪赃枉法，全是清官。郑家兴盛的秘诀，就是这部名叫《郑氏规范》的家规，涉及家政管理、子孙教育、冠婚丧祭、生活学习、为人处世等方方面面，堪称世上最齐全的家庭管理规范。正是这样的智慧，使郑氏家族在中华历史长河中熠熠生辉。

二、父母的责任

接下来，我们看如何用圣贤智慧教育儿女，父母需做到“三要”。

1.要养育儿女

父母养活儿女是不是物质层面？如果孩子太胖或太瘦，父母是不是有责任？天天给孩子吃好的、穿好的、玩好的，是不是过早、过多地消耗了孩子的福报？

古人讲要想孩子有出息，就要舍得让孩子吃苦。你不让他吃苦，将来他就让你受苦。正所谓：“溺爱不是爱，溺爱是祸害。”总担心孩子吃不好、穿不好，把心思都放在吃喝上，把孩子养成大胖子，以后找对象、成家立业都费劲。所以，父母养活儿女不要过于骄纵。

2.要教导儿女

儿女年幼无知，父母时时刻刻都要启蒙教育，给予正确引导。

下面我们看**“父母三教”**。

第一，教诲蒙养。教诲蒙养是指孩子在幼儿时期要进行童蒙养正教育，“童蒙养正”指在幼儿发蒙阶段给予最重要的养正教育。

第二，教待人接物。我小时候，家家老人都教孩子待人接物。现在多数家庭都不教了，因为好多大人都不明白这个道理，更不可能教给孩子。

小时候，我的爷爷、奶奶，父亲、母亲都教我们待人接物。小孩儿或年轻人，如果和老人在一起生活，为人处世、待人接物这方面的能力，比一般人要强。

记得那时候，我家在农村住平房，特别敞亮，在屋里通过窗户能看清外面。家里一来人我父母就喊："你大爷来了，赶紧去接。"我们哥几个马上跑到门外把人迎到屋内，接进来赶紧端茶倒水。要是天冷就帮忙把鞋脱了，让客人上炕里暖和暖和，水喝没了第一时间续上，一点儿不敢怠慢。

坐了一会儿，老人告诉我们你大爷要走了，我们马上挽留，说："大爷，您别走了，吃完饭再走吧。"如果肯定得走，就赶紧拿鞋，把大爷送出去，还要说："大爷慢走，以后再来串门。"直到大爷走远了，我们才回屋。

如果没做好，父母会批评我们，你看你怎么那么慢呢？你大爷要走了，反应太迟钝了，那时候家家都是这样教育。待人接物，洒扫庭除等，老人都教，这都不是小事。

待人接物非常重要，迎来送往的道理得懂。孩子在知识未开、幼小阶段，你让他干啥他就干啥，特别听话。等他知识开的时候，父母的教育再跟不上，到了9岁、10岁，越大越不行，家里来人跟看不见似的，全藏到屋里头。

孩子的姑姑来看孩子，给侄女买了好多好吃的。孩子小时候姑长姑短地叫着，天天围着转。长大了谁的面也不见了，姑

来了也不知道打招呼。当妈的很着急，还得到孩子屋去说：“姑娘，你姑来看你了，你咋就不出屋？赶快出来看看。”孩子磨蹭半天，披头散发地出来了，说句姑来了，说完很快又钻回屋里。等孩子姑姑要走的时候，也这样不出屋。孩子在屋里玩手机，也不知道姑姑要走。这时当妈的脸挂不住了，赶紧到屋里说：“姑娘，你姑姑要走了，给你买那些好吃的，走的时候得送一送啊！”结果干等不出来，姑姑穿上鞋尴尬地走了。这时孩子从屋里拧哒拧哒出来了，连姑姑的影子都没看到。

孩子姑姑走到半路就寻思，这孩子一点儿感恩心都没有。小时候对她那么好，真是白疼了。大家看是不是因为这点事情，姑姑和侄女产生隔阂和矛盾了？大家都知道台风非常可怕，超强的台风会给我们造成巨大损失，但台风也是从小到大逐渐形成的，古人说飓风起于一叶浮萍，道理都一样。孩子不会待人接物，古人讲的周旋中规更做不到，以礼待人就更难了。所以待人接物要从小教孩子，不然等长大了，进入社会，就会人让人觉得缺少礼数，不受欢迎。

第三，教导立身处世。古人说立身处世是大文章、大学问，这是入德之门。立身是做人之意，处世是与人相处之意，就是做事。《论语》里讲“不学礼，无以立”，这是孔夫子对他儿子孔鲤的教诲。意思是说：如果立身处世，做人说明书不懂的话，连立足之地都没有，和谁打交道都会出问题。如果不会立身处世，不会说话办事，走到哪儿都净出是非，天天争吵打闹，天天着急上火。

3. 要使儿女成人

这是最重要的问题，要想儿女成人，就得时时教育，因为使儿女成人太难了。怎么叫成人？这里有三个概念：第一，由年龄界定，成人必须年满18周岁。第二，会按五伦八德做人。无论男女老少，如果不按五伦八德做人，就不是成人。就像秋天收玉米，有的颗粒饱满，有的瘪瘪瞎瞎。又像瓜子，有的饱满，有的只有半仁，甚至没有仁，是瘪子。第三，要做像“大成至圣先师”孔子一样的人，德侔天地，道冠古今。

在农村住过的人都知道“扬场”，岁数小的可能不知道。那时没有联合收割机，农民打下来的粮食都要扬场。用木锨扬起粮食，借助风的力量，将其分开，成熟的粮食自然落下来，最瘪的被风吹得很远。稍微有点仁的喂马，半仁的喂猪。同理，不按伦理道德做人，无论多大岁数都是瘪子。

我也曾立志成为像孔子一样品德高尚、有理想、有智慧的人。天下的父母都望子成龙、望女成凤。要想有所成就，必须以德立身，先成为一个合格的人。

三、父母的传家

父母三传，包括以下三个方面。

1. 传好血统

传承好的血统。历史上，我们的列祖列宗都非常重视传好

血统，每个家庭都不例外。这件事由父母、长辈来把关。

自古以来就有“同姓不通婚”的说法，古人特别重视这一点。但现在好像放开了一些，因为世界人民大融合，有同姓结婚的，但近亲不能结婚。

前些年我出门讲课，常常遇到近亲结婚的问题。事实证明：近亲结婚生育的孩子，在智力上、精神上、身体上都会有问题。所以当父母的，必须把好关。

我们讲课交流时，有一些近亲结婚的人，他们为此还怨恨父母，对父母敢怒不敢言。有的公开跟父母提出来，为什么不能近亲结婚？指责父母让他们身心受到伤害。父母也无颜以对，有苦难言。

现在的小孩发育早，做父母的要早点告诉孩子：近亲不能结婚，这是违法的。这样他对姨家、姑家的表亲，从小就会保持一定距离，有自我保护心理。等十五六岁再说就晚了，他们可能已经处上对象了。别看孩子小，他们思想单纯，处于青春期时，一旦好起来很难改变，到那时双方父母欲哭无泪，特别痛苦。

古人讲骨血倒流，就是说和姑家的孩子结婚，那是坚决不行的。我国法律也有规定：直系血亲和三代以内旁系血亲禁止结婚。所以，当父母的，要特别注重保持优良的血统，不然等着我们的就是恶果、苦果。

2. 传好宗枝

就是接班人的问题。古代帝王将相、达官贵人，包括普通百姓也一样，都存在继承人或传承人的问题。历史上凡是立太子、废太子，你看会引起多大的风波？所以这是一件大事。

现在有的家庭姑娘、儿子好几个，老人就想，将来由谁继承父母的事业？都得慎重选择。如果没找到理想的人选，这家业用不了多长时间就会衰败。

过去在乡下，因为财产继承问题，谁能当继承人，宗人嫡子等，有好多矛盾。有的老人有偏向，这样的家庭，没几年就垮了。如果把家业传给一个忠厚老实的孝子，这家业能传承下去。同理，一个大企业，如果传承人或接班人没选好，那就麻烦了。

历史上的帝王将相，要选接班人时，都集思广益。有很多智囊团，把三公九卿、宰相等聚到一起商议，看哪个孩子能行，品德、才能如何。

我们家族过去也这样，老前辈们讨论，看这几个孩子，哪个能承担家业？哪个好、哪个歹就讨论出来了。不要小看这事，当老人的要是有偏向，有的孩子会来事，有的孩子不会来事，有的忠诚，有的偷奸耍滑，如果不了解，最后辛辛苦苦几十年的家业，几年就会被败精光。

各位师长学友，千万记住：不要给孩子留财产，这一点相当难做到。如果父母给孩子留财产，孩子多，一定会争财产。一个孩子没啥争的，但他将来也是养尊处优。

《司马光家训》中讲："积金以遗子孙，子孙未必能守；积书以遗子孙，子孙未必能读；不如积阴德于冥冥之中，以为子孙长久之计。”留钱财、留书籍都没啥用，要把德行留给后世子孙，我们要学习司马光的做法。

至于说钱财，不能说一点儿不留，要少少地留，把多的钱财用来做公益慈善事业是最聪明的做法。父母施舍，扶危济困，济人利物。孩子一看父母真善良，他就学父母的优良品德，以后孩子会差吗？

如果父母给孩子留下钱财，那么，会有很多父母跟风，就陷到这个坑里头了，非得给儿女攒钱不可，攒来攒去攒个大窟窿。这样一来，孩子品德流失，不知进取，挥金如土，最后可能纸醉金迷、吃喝嫖赌。想想父母留下的是财产还是祸害？

孩子不读圣贤书，德行没有，父母留的财产正好把他坑了。孩子要是有德性，这些财产他都不要，就是要了，也会用来做慈善道德事业。如若不然，你留这些钱财，就等于给孩子掘个大坑，把孩子前途埋葬了。

多少师长学友听不进去这些话，到最后全上这个当，吃这个亏了。这些都是家常事，就像唠家常，却是最现实的东西。没有什么惊天动地的大理论，也不是高谈阔论，更不是骇人听闻或谈玄说妙，就家常这些事情。可见传好宗枝，选好接班人，必须选择品德配位，最好既有德行又有智慧的人。

3. 传好人道

传好做人之道，也就是我们说的五伦八德。这几个字非常好说，做起来可不简单。就像我们学习五伦八德孝顺父母，为国尽忠，这话好说，做好、传好就难了。学习五伦八德的人要是做不出来，他还能不能学？能不能传出去？

传好人道是怎么回事？当父母的必须首先做表率。你要是做不到，就传不出去，也传不好做人之道。我们刚才讲做人之道，各层次、各角度，无非就是讲“孝、悌、忠、信”这四个字。

孩子小的时候，父母有能力控制他，长大后就控制不了了，打不得，骂不得。成人后，他的心眼儿有时比父母还多。父母和儿女都痛苦，这时父母就反思吧。成家立业之后，他还回来找父母麻烦，说父母这不对、那不对。

当父母的原原本本把五伦八德做好，儿女照着学，这叫言传身教。身教胜于言教，父母字字落实，孩子照样学样。如果父母讲究吃喝玩乐、贪图享受，好吃懒做、挑肥拣瘦，又沾染不良嗜好，孩子也跟着学，那就很难纠正了。

四、父母的慈爱

父母慈爱的表现包括以下五个方面。

1.践行伦常

五伦八德、仁义礼智，讲信用、讲诚信，爱人爱物。所谓爱人爱物、关心他人，父母要实实在在地去做、去实行，最关键的就是实行。**实就是不虚，行就是做到。**

我们夫妇俩在关爱子女方面做得不太好，但孩子们知道，有时说爸爸、妈妈在外面做功德呢。儿女能这么说，证明他们明白事理。儿女时常嘱咐我们："爸、妈，你们岁数大了，要注意身体。"每次外出讲课回来都提前联系我们，开车去接我们。做父母的必须实实在在去做，言传身教，给儿女做榜样，这是很重要的事情。

2. 正业守本

我们要从事正当行业，守住行规和本分，还要守住做人的本分。农民的本分就是种地打粮，多多打粮，把好的粮食出售给国家。工人的本分就是生产一流的产品，出售好的产品，明码标价，绝不骗人。

正当行业一定要先利自己、利家族，再考虑利国利民，保证行业对生态环境没有污染，对国家和人民没有坑害。经商则不能坑蒙拐骗、牟取暴利。坑人害己，对家庭、社会、国家不利的行业，绝不能做。我们当父母的，必须给儿女做好榜样。

我们无论从事什么行业，都要讲天理良心，守住道德底线，对得起祖先和子孙后代，经得起时间的检验。只有利益没有害处，这才是正当的行业。

3. 搞好家政

家里的衣食住行、婚丧嫁娶、传宗接代、升学就业等一系列大小事情，都属于家政范畴。父亲、母亲各有分工，分别是执掌家政和治理家政（或者说操持家政）。家里大小事情，总得有一个主事的人。从传统角度来说，男子主持家政，女子辅助。

我父亲讳名邹振义，在生产队当过领工员、队长，可以说是德高望重。别人家有个大小事情，婚丧嫁娶或闹矛盾了，往往把我父亲请去。他就给人家说和，帮忙想想办法。别人一找，我父亲马上就去，从来不耽误事。一般家庭矛盾，他都能解决。60岁之后，他经常劝善，劝人按伦理道德去做，劝和不少家庭。这不也是家政的一个方面吗？我母亲操持家政，各方面做得特别好，啥事都不用我父亲操心。

我二弟是瓦工出身，最后做到工长，他能力强，做得非常好。普通六七层高的住宅楼，一栋四五个单元，我二弟一个人管三栋楼。底下没什么技术员，只有两个帮忙测量的、两个跑腿的。

我三弟是木工出身，窗户、门、家具打得非常好，为啥说这两点？在乡下盖房子，木、瓦匠最用得着。我爹一听生产队谁家盖房子，或找到我二弟和三弟，告诉家里一声，活儿撂下马上就去，有时候都不要工钱。特别是我三弟，家家都需要打家具，尤其是老人过去打棺材，或打小骨灰匣等，我三弟没少做。只要听说谁家老人老了，如果人家需要，不用人支使马上就去。这不都是为人处世之道吗？这不都是家政吗？

老人要告诉子女：亲戚、朋友有事，要去帮忙，责无旁贷。这些活计，我爹和两个弟弟都没少做。帮人家办事，不一定能出多大力，但能帮着筹划筹划，指挥指挥，这就是家政。

我年轻时，很少能吃到大米，只有过年过节单位发2斤大米，平时没有。白面也有数，农村一个人一年最多十斤八斤白面，一般五六斤。我爷爷在世时，除了年节大家吃几顿白面外，剩下的都给我爷爷留着，我们不能吃，没有资格。

平时没有鱼，过年才有点鱼，肉一年到头吃几斤，都赶不上现在人一周吃的多，鸡蛋啥的也很少。

腌的咸鸡蛋或咸鸭蛋，我爷爷一顿只吃一部分。说实在的，一个才多少？我爷爷心慈，舍不得把整个都吃掉。有时候吃三分之一，有时候吃三分之二，剩下的给孙子吃。我父亲母亲，尤其我母亲，绝不给我们吃，留着给老人下顿吃。

可能好多家庭都这样，儿女怎么苦都行，但不能苦老人。现在反过来了，苦孩子不行，苦老人行，本末倒置。孟子讲，这叫倒悬之苦，头朝地脚朝天。

过去吃饭时，两个小桌子拼一起坐六七个人。过年过节吃点肉，如果哪个菜里有点肉，有点肉皮，我父母带头不吃，留给爷爷、奶奶吃。其实，也没有几块，从开始吃到最后，实在没招了，爷爷、奶奶就吃了。我们形成了规矩：菜碗里不管是肉、骨头，还是肉皮，我们哥仨谁都不看，谁都不吃，好像看一眼都可耻似的。可能过去家家都有这种风气，这不就是孝顺吗？

我父亲在离家二里地的砖窑工作，用扁担挑砖坯子，特别累，三五个馒头都不够吃。中午改善伙食，有一点肉菜，我父亲舍不得吃，颠颠跑回家，把馒头和菜送回去给我爷爷（我奶奶去世了）吃。我父亲吃家里的粗饭大碴子或大饼子，小米饭，再吃点菜。那时候人都这样做，都这样尽孝。谁家有事也赶快去帮忙。

亲戚朋友来了，得高看一眼，吃喝得招待好。那时白面、豆油都是供应的，一个月二两豆油，一年两斤四两，都不够几天吃的。赶上家里没油了，没面了，怎么办？家政怎么搞？我母亲是这个家的内主中馈，这事不用我父亲说，我母亲就张罗了。拿个盆，拿个瓶子，上邻居家借面、借油，有时候一借几家都没有，都那么困难。借大半盆面，一斤豆油，得去很多家借。

烙点油饼，熬个茄子土豆汤，可香可香了。一来客人我们可高兴了，为啥？客人吃完后，剩下的就是我们的了，有可能吃到一块饼或喝点汤。家里一来人，我们跟过年似的开心。

亲眼所见，我母亲真不容易，真难做，那日子真难！生产队分面或分小麦，一般都冬月腊月了，打出来还完人家，连一半都剩不下。豆油一还一瓶两瓶，家里剩不下啥了，就都留着过年。

但不管自己怎么难，不能让外人看笑话。那时候，讲情讲义，情和义连在一起最重要，情和义连不到一起，就是感情用事。

我们现在在城里，一般都不求不借。过去乡下谁家能把工具都置全啊？经常有人来借把铁锹、镐、锯……大家串换用。我母亲管理内政，谁家把二齿子借去了？谁家把羊叉借去了？几天没送回来，到时候得经管回来。上人家看看去，说我家要用了，拿回来。不然，时间长了人家容易忘，最后可能丢了。这都得经管，都属于家政。

我父母在家政方面一直规规矩矩地做，各方面事情都协调得很好，大家看在眼里，都很佩服。2004年正月二十六，我母亲去世，我们居住的尚家四队，全屯只有三家没到场，剩下全都来为母亲送葬。没来的三家，有的是之前来了，有的是临时有事来不了。这么说是不是等于都到场了？我一看这么多人，证明父母和弟弟为人处事到那了，很受感动。

拿亲戚来说，叔叔、大爷们，都是同门亲戚。大家都来了，就是给父母增光，给祖先增光，儿女也借光。这些为人之道，我们的祖宗非常重视。这些做好了，家庭和睦，朋友和睦，社会和谐。

这也涉及忠孝贤良，“父做之子述之忠孝贤良”。我父母跟我爷爷奶奶、太爷太奶学。这是不是属于继承祖业？我们每个人都应该继承这祖业。什么是祖业？祖宗做的伦理慈善道德事业。

4.行道办善

中华人民共和国成立前，我太爷、太奶领着我爷爷、奶奶办慈善会、道德会，就是传统文化课堂，并支持我的爷爷们去办。我五个爷爷加一个姑奶，都参加过传统文化课堂，在黑龙江、辽宁做慈善道德事业，当过慈善会会长、道德会会长。

中华人民共和国成立后，我爷爷们还给街坊邻居讲伦理。

人家来串门，我爷爷都给讲慈善道德。我父亲的几个朋友来家里，说话不超过三句，我爷爷肯定讲伦理道德。一生没停止讲过，讲到77岁去世。当然，都是给志同道合或投心意的人讲。

改革开放初期，国家大力宣传传统文化，提倡讲这些，但没有现在这么红火。现在好像人人都要学传统文化的样子。

我们起步比较早，我跟老前辈一起学、修、传伦理道德。1987年前后，我的叔叔、大爷们加上姑姑五六股共三十多人，以家庭为单位学习伦理道德。我们一张罗，成立了十三四个小课堂。平时一周聚一次，分享一下怎么学伦理道德，家庭是否和睦，在亲戚朋友中是否宣讲等。

老人行善行道，晚辈也跟着做。父母慈爱不光是吃喝穿戴，给子女留钱、留房产那点事，还得把道德事业做好，把子女领上善道，这才能体现出真正的慈爱。

5.做好榜样

品德方面，父母首先要树立一个好形象。如果父母吃喝嫖赌，不务正业，儿女肯定跟父母学。一般来讲，父母经商，儿女将来也会经商。如果本分守不好，可能成为奸商。所以各个方面，当父母的都得做榜样。记住在五伦八德，或十义，或诚信、仁义、智慧、守规守法上面下功夫。

我二丫头现在在单位上班，在工作中，她就学习我这一点。过去我在单位搞技术教育，活儿特别多，有时在单位干不完，下班后就得带回家里干。我的目标是：一定把工作干好，让领

导满意，让下面各个单位都满意。这样，一些办公用品也得拿回家，但拿回家的稿纸、笔、钢笔水，孩子绝对不许用。有时家里的墨水用没了，来我这抽钢笔水，我说不行，没有，自己去买。稿纸也不能拿，公家的不能用。

邻居来我家借信纸，我家有没有？有，又没有。我总写材料，平时不缺信纸，偶尔用完了，就没了。但单位的稿纸家里有，人家寻思我家肯定有，因为都是一个单位的。知道我的工作性质，肯定有信纸，我说没有，没借。这东西是公家的，别人不能用。

我女儿在食堂上班，经常有吃不了的饭菜，人家说你把这东西拿家去，公家的东西不拿白瞎了。我告诉她不能拿，就是烂了也是国家的。如果国家把它扔了，你捡回来可以。还没在食堂上班之前，她经常往回拿人家要扔掉的大米饭，要是不拿回来就得扔。我说那得拿回来，不然白瞎了，实在吃不了给捡破烂的，不嫌弃的。

饭菜有时剩很多，但不是扔的，其他同事都拿，她不拿。我说你做得对，不能拿。我嘱咐过好几回，谁拿你都不能拿。这是公家的，丝毫不能动。

我看她写品德学堂稿件的时候，都是实事求是。做到公私分明，立身为公。

当父母的，各方面都要做榜样。来人去客，待人接物，我的妻子比我做得好。过去家里亲戚朋友不断，她每天只能休息四个小时左右，其余时间都在劳作。家里那么多人，那么多家务，还有一摊工作。领导知道她很累，照顾她，让她在单位一天干三四个小时，剩下的时间全干家里的活儿。起早贪黑干不完，撂下耙子就是扫帚，买菜、摘菜、做饭、洗洗涮涮。有时整不过来，我就帮着整。

父母自然而然地去做，树形象做榜样，没有比这更重要的事了。这才是慈爱儿女，儿女照着学，走正道。把儿女领上正道，这是真正的慈，真正的爱。

第三节　为人子女

一、对父母的孝顺

下面我们看父子品德教育的基本原则“儿女四要”。

1.儿女要听父母的话

我有一个朋友是当医生的。二十年前的一天，他请我去给他的朋友讲伦理道德，主要突出孝道，因为他的朋友不孝顺，我说可以啊。按照约定的时间、地点见了面，我就开始讲，简单说说学习伦理道德的重要性后，我就直奔主题。

我说“天下无不是的父母”，不是父母没有过错，而是父母有过失时，儿女不能训斥责怪，甚至顶撞父母、跟父母大发脾气，这是不对的。讲到这我看她没咋地，等我说第二句“哼母一声本该死”的时候，她就生气了，马上起身，拍拍屁股走人了。我在古代史书中看到过这句话，意思是父母让我们做什么事情，儿女不高兴了，用鼻子哼了父母一声，其罪过就该死了。这不是给父母争理，古人对父母尊敬的程度像敬天敬地一样，达到了最高境界，儿女在父母面前都是毕恭毕敬的。

现在别说哼父母了，打父母的人都有。小孩学的《弟子规》都告诉我们：“父母呼，应勿缓。父母命，行勿懒。父母教，须敬听。父母责，须顺承。”多简单的道理，可是很难做到。

小时候，我爷爷给我讲，古时有个孩子，小名叫转朱。他的母亲喊“转朱……”爷爷学着喊，到现在我还记着这个声音。孩子听到马上就回应，就像两只鸟一唱一和似的，没有敢不应答的。

现在有些人丢失孝道，对父母态度不好，出言不逊、顶撞父母，训斥父母像训斥儿女似的，乃至打骂父母，根本不拿父母当回事，这还得了。

2. 儿女要尊敬父母

史书记载一位孝子，收到父母的信后先洗手，放好桌子，把信放到桌子上。用剪刀剪开信封，把信拿出来。双手擎着信，跪在桌前展开看。现在看可能有点古板，是吧？但我们要学孝子对父母的恭敬心，这不重要吗？恭敬、谦虚、谨慎，贯穿整个传统文化。尊敬不简单，有恭敬心，敬人、敬事、敬物。敬父母，听父母的话特别重要。

前些年去亲戚、朋友家串门，常常碰到这样的事：

吃完晚饭，孩子收拾一下就出门了。

母亲不放心地问："儿子，你干啥去？"

儿子："我出去玩。"

母亲："儿子，你早点回来。"

这句话根本没听着，人家已经出门走远了。

晚上十点钟，母亲拿起电话，想问问儿子啥时候回来，怕儿子嫌烦，赶紧挂了。快到十一点时，母亲又拿起电话，怕孩子正在兴头上，扫了孩子兴致，惹孩子不高兴，左寻右思又放下了。

大家知道，这孩子玩得高兴了，别说前半夜，后半夜都不一定能回家。等到12点，还是没动静，这母亲实在等不了了，豁出去了，拿起电话就打。

母亲："儿子，你啥时候回来呀？"

儿子："哎呀，不回去了。"还没等母亲说完，那边电话就挂了。

这种现象随处可见，活活给老母亲气个仰倒，哭天抹泪，孩子全然不顾，为啥？从小娇惯的，还听什么话啊？

现在很多年轻人根本不知规矩礼法，称父母为老爷子、老太太，连爹妈都不叫，根本没有恭敬心。还有一些父母，儿女都20多岁了，还像小孩子似的又搂又抱。要是久别重逢，亲近一会儿也有情可原，可孩子都成人了，就要注意了。这种没有老少尊卑、缺少礼节的事情得纠正。

3.儿女要顺父母的心

父母让姑娘把衣服洗了，你不说洗衣服啥事没有，你一说洗衣服马上不愿意了。你让她上东她偏上西，你让她上南她非上北，就跟你较劲。孩子想你支使我干活儿，我才不给你干呢?你凭啥支使我干活儿?这种想法是非常可怕的。

还有一些当官的和一些富商，在外面很风光，大家都围着他们转。可到了儿女面前，却得点头哈腰，一下没了尊严。在家里，别说两个孩子，一个孩子就把你治得服服帖帖。

4.儿女要照父母说的话做

母亲让孩子去亲戚家串门，给拿200元买礼品，只花了100元，剩下的100元孩子留下了。家里总丢钱，让谁拿去了?遇到这样的事情父母要学会反思。如果父母反省检讨不出来，孩子也不好改。

二、儿女的责任

1.孝顺父母，照伦常做

如果父母按照伦理道德做，那儿女自然而然也按照伦理道德做，因为忠孝贤良是做人的根本。如果一个人道德品质好，懂得为国尽忠，你让他叛国，他是不会干的。他懂得忠孝，特别懂得忠。

2. 信教莫违，尊善天地

信教就是相信教育，教育的内容就是伦理道德。信教莫违：我相信伦理道德，并且不违背它。其实就是按照伦理道德去做，这很重要。

如果不按照伦理道德去做，那就等于没有道德信仰，对不对？就像入党这件事，若能按照《党章》做事，没入党也是入党了；要不按《党章》办事，入党了也等于没入党，这道理是一样的。

我原来在厂里搞职工教育。我们厂光工程师，不算助理，就五十多人。后来又进来一些大学生，虽然有一纸文凭，但有些人真不行，啥都拿不起来，最后厂子让他们跟工人一起干活儿。因为啥？他在学校没学来真本事，说不上这毕业证是怎么拿到手的。

1982年春天，我在建材公司职工学校教课，下课后去操场溜达。当时操场正在施工，我走到楼梯处用脚一踩混凝土台阶，结果台阶掉渣了，混凝土都酥了，这纯属豆腐渣工程。我认为有道德信仰的人，肯定不会这样做事。

我们国家现在特别重视质量，现在这方面有点自觉化了，因为企业竞争的核心是产品质量。产品不合格，企业会濒临破产。所以，必须保证产品质量，企业才有未来。

如果每个人都有道德信仰，无论大小事情都讲良心良知，说良心话、做良心事，崇敬天地，善待天地、自然界，世界就和谐了。

古人说人有三宝：精、气、神；天有三宝：日、月、星；地有三宝：水、火、风。自古以来，人们就恭敬自然、善待自然，我们也要保护大地万物。

3. 手足无伤，谦让和气

父子兄弟很难割裂开来去理解，但我们力求把它分开来讲。如果兄弟手足受伤害，最伤心、最寒心的是父母。人们都说："父母生儿与女父子天性，常言说咬十指哪个不疼？"父母不管多大岁数，心里都惦念自己的孩子，父子情割舍不断。所以，兄弟之间必须做到谦让和气，让父母省心。

要想尽好孝悌，做到手足无伤，必须谦虚退让。关键时刻退一退、让一让，不争房产，不争宠，多吃亏，多忍让。

4. 勤俭持家，知命守本

说到节俭，和大家讲个小故事：我有个朋友，有一次我到他家做客。吃完饭收拾完桌子，他开始刷碗。一共有三四个碗。他就用盆装满水，起码得有十多斤。同时水龙头也哗哗地放着水，洗了一遍又一遍。我寻思，这是洗碗呢，还是戏碗呢？像耍戏法似的，翻来覆去的，那水哗哗地流，瞅着心疼。我寻思别心疼了，我看你能洗多长时间。公益广告天天号召大家节约用水，关键要实行，得真做呀！古人讲过度浪费就是暴殄天物，消耗福报。

我和张老师1988年住上楼房，电费和水费，我们家是最少的。当时家里五口人，三个孩子，两个大人。后来经常来十多个亲人，远道而来看望老人。

我家每月用水一般一吨半左右，没有超过三吨的时候，电费也少。没有计价水表，没收水电费的时候就这样。为什么呢？节俭都是给自己节俭，老人说，节食节衣增福增寿。一点儿不假，这是德行。自觉做，不用人教。

有人说：我花钱了，想怎么用就怎么用。可你想没想过，这样浪费自然资源，过早地把福报消耗完了，剩下的就是苦难了。所以我们必须节俭惜福。

我家的剩饭剩菜，多数是张老师吃，因为我有时能注意到，有时注意不到。一般张老师把剩饭剩菜端上来，搁自己跟前就吃了。人家有谦让之德，我也不甘心落后。看到桌上有剩饭，我也扒过来一半，一起吃。我家的剩菜剩饭，我们都抢着吃。

一直以来，我连一张纸都要节约，妻子说我这人像捡破烂的。有时去市场买菜，走在路上经常能看到没人要的、干净的塑料袋。我对人和物，都有一种怜悯之心，我一瞅这塑料袋没发挥应有的价值，总觉得不捡起来，好像对不起它似的。我寻思：装点啥发挥一下它的价值再扔，不然白瞎了。有时我刚要去捡，张老师就提醒我说：“你干啥？”我一寻思别捡了，像捡破烂似的。

21岁时，我在安达买了一双棉皮鞋，花了21.88元。这双鞋穿了整整二十年。我的叔叔、大爷们都不敢相信，直到亲眼看到才信，还告诉我那些兄弟们要向我学习节俭。

2018年冬天，我在传统文化课堂上讲课，当时穿的是一双二棉鞋，挺厚实的。那双鞋是我大姑娘1999年给我买的，我每年都穿，结果在课堂上掉底了。我一看这咋整？上课也不能出去买鞋，后来我找来线绳绑上，又穿了两天，这双鞋也穿了二十年。

我的鞋能穿这么长时间，得益于张老师保管得好。每到换季，她就把鞋子收拾干净，打上鞋油，保管起来。

古人讲：修福不如惜福。惜福比修福重要，现在的人把好多东西都扔掉，太可惜了，得节俭！

知命守本，守住我们的本分。知命就是知道现实、了解现实，不要违背。无论什么情况都要面对现实，做好现在的事，守住伦理道德的本分，不要跃雷池半步。道德是底线，必须合乎道德。

5. 为公办善，培根敬祖

为公办善，就是一切公益慈善事业，我们有能力时，都应当去做，即便没有能力做，也要表示赞叹。不要嫉妒、恼恨、干扰别人，我们要大力支持。用伦理道德培好自己和儿孙的根。

做慈善，培福德，孝悌忠信打先锋。孝悌放在最前面，做这些事情，就是培根。如果你能天天做慈善，影响子孙后代也都这么做，就是孝敬祖先，这才是给祖先争光，为祖国争光。为后代培德根，这才是正道。这才是真正的儿女孝顺父母的表现。如果这些体现不出来，怎么能说是孝顺呢？

第八章　夫义妇节（夫妇道）

第一节　文化基础

夫妻品德教育是指夫妻之间的教育。

关于婚姻，自古流传这样的话："三皇治世立人间，五帝为君紧相连。月老配下婚姻对，好歹贤愚命里摊。"

从五伦八德和十义的角度看，夫妻品德教育的核心是夫义妇节，也可以说夫义妇听，或夫义妇顺。表述上有点儿差别，但本质上没有差别。

家训云"第三伦夫妻教君子之道，造端乎夫与妇两大根陶。"君子，指善良人。君子之道，就是善良人的道。造端乎：开头。夫妻是两大根本，也可以说两大法度。"为世界传血统男女之道，故君子求淑女婚配窈窕。"

《诗经》中讲："窈窕淑女，君子好逑。""父母命媒妁言正婚姻教"，也就是说要端正婚姻的教育。"教男女夫妇别生好灵苗。"古人讲：天清地宁，生个小孩赛神童；天昏地暗，生个小孩赛混蛋。这都是世世代代相传下来的，像家训似的。

当然，也有一些男女不守规矩，违背法律或道德，随意结合。"好恋爱自由讲情欲难抛"，婚姻是自由的，但这里也有情欲的问题，一味恋情欲就麻烦了。核心点在哪儿？“抛正道恋情欲离婚不少，恐世界如此坏劫数难逃。”抛不掉情欲，就抛掉了正道，这是非常可怕的。“新潮流世风坏伦常颠倒，夫妇伦不能正世界流潮。”受不良风气影响，多少家庭饱受痛苦。要想“拨乱反正”，夫妻非常关键。

“讲夫妇这一伦男女正教，男守义女守节琴瑟和调；男有分女有归妻子和好，一家乐天下平何用枪刀。”虽然这话是在民国期间说的，但我们完全可以借鉴。那时军阀混战，胡匪横行，好多男女在婚姻问题上酿下苦果，让父母蒙羞。男守义女守节，义或节或顺或听，道理一样，也就是男子、女子都要遵守道德节操。男子要坚守正义，做事合理合法，做个正人君子，女子要学习道德规范。

所以，伦理道德不能断层，更不能失传，要学起来，以此规范我们的思想和行为。也可以说，触犯了夫妻之间的道德行为规范，随之而来的就是灾难。

“男有分女有归”，是说男子要有一份正当职业，有工作可干，不能游手好闲，不务正业。女子找到一个相对比较理想的婆家。现在有早婚的，也有晚婚的。早婚有早婚之害，晚婚有晚婚之害。男大当婚，女大当嫁。晚几年可以，太晚不好。年龄很大没有成家，你说这生活是幸福，还是痛苦？古人讲男女一阴一阳，阴阳一起配合才能生活。

阴阳合和成为夫妻，这是人伦之始，君子道的开端。大龄

男女未嫁娶，在古代叫怨女旷夫。有的男女之间一生气，就说天下没一个好男的，天下没一个好女的。你看把话说绝了，越过越痛苦。

“男有分女有归妻子和好。”一般来说“妻”是一个字，口语习惯说“妻子”。古人讲的“妻子”，指妻子和儿女。我们这里讲的“妻子”，把儿女包括在内。丈夫妻子，指一家人，一家这几口人能和好，相当不容易。这几个人可能分八派，各有各的心眼。家庭不和谐，其他各伦都受影响。

古人用“路不拾遗，夜不闭户，刀枪入库，马放南山”来形容太平。夫妻和睦，家庭和乐，就能达到这种程度，可见夫妻和睦的意义多么深远。可以说，一个家庭就是一个天下，一家这几口人太平了，天下就太平了。夫妻和睦，代代传承，子子孙孙都和睦。家族和平，世界和平。

下面讲**夫妻品德教育的基本原则**：

第一，夫妻间要遵守礼法、家法。这里面包括四点：同甘共苦两到老；双方父母同样待；言行合理莫违背；丈夫妻子都和（合）好。古时用“合”字，现代人习惯用“和”字，在这里，这两个字可以通用，意思相同。

第二，夫妻教有三根本。包括三点：夫妻教是五伦的根本；夫妻教是五礼的根本；夫妻教是儿女贤孝的根本。

第三，夫妻教三观。正确的婚姻观，要有父命媒言，也就是父母之命，媒妁之言；正确的男女观，主要指男女有别；正确的家庭观，强调夫妻间的相互责任。

第四，夫义的表现。丈夫对妻子行义的表现，体现在五个方面：立志创业、真诚正干、心不好浮、不乱花钱、帮妻成贤。

第五，妇节（妇顺或妇听）的表现。也包括五点：伺候丈夫、教子正道、理好家务、善待夫友、助夫成德。

一、遵守家法或礼法

接下来我们讲，如何遵守家法或礼法：

1. 同甘共苦两到老

现在有不少夫妻，当初青梅竹马，互敬互爱，共同创业，同甘共苦。可事业成功了，想的就多了，开始朝三暮四，不少婚姻因此解体。两到老，就是白头到老。

古人讲：少年夫妻老来伴。这个伴谁都代替不了。像经典中说，夫妻有病，不是不让儿女陪伴，而是夫妻最方便。涉及吃喝拉撒睡，儿女怎么也没有夫妻之间方便。当然了，如果夫妻俩老到一定程度，不能自理了，那肯定是儿女的事。但平常儿女代替不了夫妻，年少的时候可能不太在意，等到老了，夫妻就是相濡以沫。相当于鱼帮水，水帮鱼，互相之间就像左右手、左右腿一样。

记得汉武帝的姐夫去世后，他姐姐着急找对象，也物色到了心仪之人。汉武帝很生气，身边的文武大臣都知道汉武帝的想法。一日，他姐姐在场，一个臣子说："糟糠之妻不下堂。"汉武帝听后，故意高声说："对，说得好啊！"

自古糟糠之妻不下堂，现在有多少下堂的？是不是家庭的灾难？痛苦由此产生。夫妻关系破裂后，双方老人和孩子没有一个幸福的。尤其双方父母，心如刀绞。有的父母整日以泪洗面，吃不下，睡不着，总生气，不长时间，得了很多病。不是说离婚都不对，夫妻感情破裂可以离婚。但一定要慎重，不要轻易离婚。

2.双方父母同样待

日常生活中，我们经常能听到这样的话"我们家老爷子、老太太，我才不惯着他们"。一到年节，很多家庭因为给双方老人拿钱或买东西而发生争执。给我父母拿一百，给你父母拿二百，给我父母拿五斤鱼，给你父母拿八斤。因为分配不均，夫妻俩年前就开始干仗。

大年初一，就像打篮球暂停似的——休战。初二、初三回家继续战斗。过年吃好、喝好、玩好，挺好的。可有的人年后却住院了，为啥呀？干仗生气得病了。"每逢佳节倍思亲"，佳节亲友相聚，本应追思先人，在父母跟前好好尽孝，可多少家庭过年、过节不安宁。

大道之行，天下为公。我们该怎么对待双方父母呢？过年时，当丈夫的先张罗给岳父岳母多拿点儿，当媳妇的先张罗给公婆多拿点儿，这样就没有矛盾了。如果做不到这样大度怎么办？那就平均分配：你拿一千，我拿一千；你拿一万，我也拿一万；你拿50斤面，我也拿50斤面。何必因为这事吵架生气，着急上火呢？

有的夫妻一吵吵半宿，有时吵到后半夜，早晨起来，饭也不吃，接着吵，吵到七点多去上班。单位同事一看，问："你这气色咋这么不好呢？"你说："昨天晚上没睡好。"还不能说干仗了，说干仗觉得可耻。就编呗，说工作加班干活儿了。这样争吵打闹，不睡觉，精气神都亏了。

3. 言行合礼莫违背

这点不好做到。第一个问题：有的妻子、丈夫，或者其他家庭成员，喜欢说话，从早到晚叨叨叨，还爱争辩，觉得自己啥都对。让别人无话可说，他却又抱怨人家不说话，殊不知人家憋着一肚子气，都快爆炸了！

第二个问题：夫妻也好，父子也好，有的人说话又直又硬，顶撞人，特别倔强，七不服八不愤的，这不就是互相伤害吗？所以，说话做事要身心柔软，这才是对的。

第三个问题：性格愚鲁。多看书，多学习，多锻炼就好了。愚鲁的人往往心思重，忧思忧虑。特别懒，身子重，不愿动弹。这样的性格、做事态度，父子、夫妻、兄弟之间不得生气吗？让你拖拖地，要么不吱声，要么一吱声就是"我没时间，我困，我累。"这不容易爆炸吗？

第四个问题：有的妻子脾气比较暴躁，爱着急，好上火，做事要求完美。地上哪怕有根头发都得捡起来，犄角旮旯收拾得特别干净。家里条件有限，买辆三十多万的车就行了。她不干，非要买八十万的。别人家孩子结婚，穿普通衣服去就得了呗。不行，得马上上街买套好衣服，穿去让大家看看。丈夫有时不同意，说咱家没那么多钱，俩人就生气干仗。你看虚荣心特别强，又比较浮躁，夫妻间这样不就对立了吗？有的丈夫迂腐死板、好疑人，有事隐瞒不说。妻子就问，你怎么不说呢？你应该告诉我。丈夫一听心烦生气，一会儿俩人就吵起来了。你看以上四个问题都会导致夫妻间不和气。那怎么说话才合理呢？要按伦理道德去说。

接下来我们讲三种说话方式：

（1）好话不好说。本来挺好的话，心平气和地说，啥事没有。反之，用命令口气，杵倔横丧地说，啥效果？比方说，称呼丈夫也行，夫君也行，柔声地说："夫君，吃饭了！"反之，没好气地大喊："老李，吃饭了！"过一会儿人没来。你又喊："你吃不吃了，不吃我收拾桌子了？"你看好话不好说，因为这点事有没有离婚的？说话这件小事，能产生很大的家庭矛盾。

（2）好话说不好。不善言谈，不是大毛病，是水平问题。我们一听就能听出来。这种情况怎么办？当妻子得教丈夫怎么把话说好，这是助夫成德。

（3）好话不说好。这就糟糕了，这是心理问题，心术不正。夫妻之间有点不乐呵，好话往坏了说，把对方气够呛，这是心术问题。有句话说："麻子不叫麻子，叫坑人。"还有，明明是句好话，瞎编乱造说成坏话，搬弄是非。比方说，老张让人给小王捎话，表扬小王。捎话人反过来跟小王说，老张在背后骂你呢，骂得可狠了，你看这啥性质？

好事办不好，这是水平问题，没有能力。好事不好好办，往坏了办，让别人看笑话，这是夫妻间常有的事，一有矛盾就这样。还有好事不办好。不好好办和办不好，是不一样的。

4. 丈夫妻子都和（合）好

夫妻之间怎么能和？女子学习坤道妇理，男子有阳刚之气，男刚女柔，家庭和乐。如果不学伦理道德，夫妻产生矛盾，妻子一伙，丈夫一伙，孩子小时不懂事，一会儿跟爸爸好，一会儿跟妈妈好。等孩子长大了，一会儿跟妈妈说："妈呀，就这男人你还跟他过？干脆离婚得了。"过两天发现新问题，又跟爸爸说："爸呀，就这女人你还跟她过？离婚得了。"这孩子跟谁也不一伙，一家三口人往往就是三国演义，这样的家庭只能分崩离析，根本和不到一起。

现实中，绝大多数家庭的夫妻都吵架，有的吵得很厉害。那么如何才能家庭和乐？夫妻必须按夫义妇节等伦理道德规范去做，男子做到正义，女子坚守节操，家庭才能和。

二、夫妻是人伦之始

下面我们讲讲**夫妻品德教育三根本**。

1. 夫妻品德教育是五伦的根本

夫妻是人伦之始，是五伦道的开端。先有夫妻而后有父子，有父子而后有兄弟姐妹。夫妻、父子、兄弟是家中三伦。推开门走出去，外边有国民、朋友两伦。这两伦来源于家中三伦。所以说，如果没有夫妻，也就没有人伦了。

君臣如同父子，朋友如同兄弟姐妹。从理论上看，五伦就这么简单，但实际上，五伦相互之间的伦理关系极其复杂。不是道德准则复杂，是人的心理和行为复杂。如果没有统一的伦理道德规范，就像汽车，没有适合驾驶的公路或高速路，到了土路就没用了。什么意思呢？必须有统一的道德规范，不管男女老少，不管什么年龄、职业都适用。这个道德规范就是做人说明书。

2. 夫妻品德教育是五礼的根本

这很重要，我们要充分认识到：夫妻在五伦中，在人类历史中，具有崇高的地位。《诗经》中说“关关雎鸠，在河之洲。窈窕淑女，君子好逑”。孔夫子编选《诗经》时，把《关雎》这首诗放在了《诗经》第一首，这足以看出古圣先贤了不起之处，将人伦的开端放在首位，告诉我们夫妻的重要性。

古代有五种大礼，包括：婚礼、祭礼、军礼、射礼、乡饮酒礼。现在，婚礼、祭礼、军礼依然存在。我们看五礼中的祭礼，祭祀时文武百官，行礼叩拜，声势浩大，庄严神圣。军礼，三军将帅英姿飒爽，从古至今都非常隆重。随着时代发展，射礼和乡饮酒礼现在不太需要了，我们简单介绍一下就可以。

五礼中，婚礼排在第一位。祭礼，祭祀祖先，祭神，祭山，祭海、河流等，都没放第一位。把婚礼放在第一位，足见婚礼的重要性。

各种礼仪都有其深刻含义，婚礼也不一般。你看皇室结婚，一般都准备很长时间，早早昭告天下。过去民间男孩女孩结婚，也很热闹，早早地告诉亲戚朋友。

再看射礼。投壶射箭，古书中都有记载。中的为合格，不中的就是不合格，这其实是考你的德行和能力。投壶射箭时，一般有很多人观礼，箭投或射出去，没中的怎么样？汗颜，觉得可耻，恨不得有个地缝钻进去。

古代的乡饮酒礼，一般按齿毛，也就是年龄大小，或官衔大小排列。按年龄排列，前面的是老人家，有的甚至一百多岁了，身体硬朗，鹤发童颜。排在最后的可能就二十多岁，往前一看，是不是非常羡慕老人家身体健康？应该学习老人家的高尚品德。

我年轻时看史书，认为结婚忒麻烦了，产生了叛逆心理。1976年我结婚时，就主张旅行结婚，父母、岳父母都没反对。

一般人家结婚都操办操办，我没有。那时我正研究马克思、恩格斯的著作。

我想结婚应当节俭，繁文缛节全部去掉，不然得准备很多天，双方父母累够呛，太麻烦了。后来经过深入学习，回想当年的行为，我开始自我批判。祖宗的习俗该传承的要传承，一辈子结一次婚，怎么能怕麻烦呢？

学习了马克思、恩格斯的思想，以及中国历史后，我反省自己：我没有资格批判祖先，那样做是对祖先的不恭敬。特别是学了四书、五经，反复看了《礼记》和《左传》后，我才明白为什么古人结婚之前有那么多礼仪，也许以后不需要，但在当时社会是必需的。

为什么古人喝那么多酒不醉？第一，可能酒的度数不高；第二，按礼节喝。结婚的礼节提示我们：准备多少年才能结婚，结一次婚多么不容易，男女双方要谨记婚姻来之不易，要好好珍惜，别轻易离婚。

再说说现在，有的人结婚好像是闪电战术。一位学友讲，她儿子上午结婚，下午三点多就离完婚了。就因为女孩家亲戚好像踢了男方的车一脚，很小一件事，根本不算事，男孩就不干了。男孩提出离婚，女方找了说和人，男孩说啥不同意。按理说这事说和一下，女方赔个不是，道个歉就得了。有些人就这样，一犟到底，这性格态度，对个人成长影响太大了。

古人的礼节规定，结婚后母亲说这孩子挺好，不能离婚，那就不离。当然，要是感情破裂，过不到一起去，不离不行，该离也得离。但是，如果明白伦理道德，按伦理道德行事，找到各自毛病，能够缓和关系，降低离婚率。

过去的人在婚典上，第一拜天地，第二拜高堂，第三夫妻对拜。夫妻喝交杯酒，互拜，这是啥意思？就是告诉你，夫妻关系已建立，要牢记：以后不能离婚。

史书记载，女儿出嫁后，父母三天不眠不休，思考女儿到人家能不能按伦理道德行事。到人家后，一要孝顺公婆；二要好好对待丈夫；三要慈爱儿女。家务活要拿起来，要勤俭持家。

我和妻子结婚前，岳父教育我妻子说："你嫁到婆家后，要是人家捎回什么坏话，我把你腿打折了。"当时我妻子没告诉我，可能怕掉价，后来讲课的时候她才说出来，我岳父真是那样的性格。过去父母都那样做，现在会做老人的也都这样教育女儿。

夫妻干仗，公公婆婆要说儿媳妇好，批评儿子。岳父岳母要说姑爷好，批评姑娘。老人都知道，姑娘在人家做得再好，回到娘家，父母也不能说自己姑娘好。

夫妻干仗，媳妇回娘家跟父母或哥嫂告状，说丈夫的种种不好。明理的父母，没有一个给姑娘争理的，还得告诉姑娘马上吃饭，吃完让儿子赶快把姑娘送回去，不许在娘家过夜。

不明理的父母怎么样？不让姑娘回去，姑爷不来跪着求，咱不回去。你说这媳妇不回去，公公婆婆咋想？丈夫咋想？娘家父母就消闲了吗？出馊主意，不得吃馊粥烂饭吗？能顺口吗？这次不回去，下回打仗了，父母或公婆就得找茬干仗。

过去女方父母绝对不会这么做，小夫妻干仗，不管女儿做得怎么对，要回家告状就不对，对也不对，这样家庭矛盾不就控制住了吗？不用上公堂了，好多问题就解决了。

当然，我们还得以理服人，学习伦理道德，要以德服人。夫妻是五礼的根本，夫妻在人伦历史上具有崇高的地位。天地人三才，以人为贵。夫妻是人伦的开端，千万不要忽视。我们说天下太平，怎么能做到？夫妻和睦，夫妻生儿女成为父母，儿女看父母和睦，向父母学习，儿女也和睦，代代相传，天下太平。

3. 夫妻品德教育是子女孝善的根本

这是根本教育。一般来讲，父母贤孝，儿女贤孝；父母不贤孝，儿女也不贤孝。父母按伦理道德做事，忠孝贤良。子女到社会上，才能友爱、慈善地对待社会大众。

儿女贤孝来自父母贤孝，父母好比导演，儿女好比演员，儿女演绎的往往是父母的心灵。这个道理《左传》里有很多记载，大家可以参考。

三、正确的夫妻三观

第三个问题：夫妻三观。

1.正确的婚姻观

父母之命，媒妁之言。家训有言：“上法天下法地乾坤两图，君子道造端乎男女夫妇。为天地传人根阴阳配覆，男治外女治内家道有补，观风火家人卦利女贞淑。”

《易经》里有六十四卦，其中有一卦叫家人卦，元亨利贞，利女贞淑，那是非常好的一个家庭。女子在家庭地位不一般，能给家庭带来幸福和睦。按古人讲，这是一个持正的家庭，换句话说，是一个道德家庭。

在家庭里，父亲像父亲，儿子像儿子，丈夫像丈夫，妻子像妻子。男女老少，各正本位，各行其道，互不妨碍，在各自的道德岗位上尽职尽责。利女贞淑，是家人卦的要点。

家训云：“淑女子君子求婚成夫妇，夫唱好妇随好乐而妻孥；好男子妻好合如琴瑟鼓，家庭乐男女间礼不疏忽。”丈夫不贤良，妻子不好合，合不到一起去。弹琴瑟得和调，音得合拍。家庭幸福快乐，男女得遵守家规、家法。家有家法，铺有铺规，得遵守礼仪，不守规范，家里就乱套了。

“夫妻道一半句难表然处，现自身说家法模范师儒，儒家道不远求孝悌忠恕。”我们不要找得很远很远，就是五伦八德（男八德：孝悌忠信礼义廉耻。女八德：孝顺和睦慈良贞静），

妇言、妇工、妇容、妇德。此外，还要做到忠己恕人，孝悌忠恕。忠己恕人，存心养性，这是五伦八德的纲领和核心。“吾之道一以贯之，吾之道其恕乎？吾之道忠恕而已矣。”这句话告诉我们要实施忠恕。

“女贤德守内则贤内助夫。”女德是坤道妇理，过去指《妇女家训》《妇女内则》。内：家内，修身齐家，这些就是女德。女子要做贤内助，男子要做一个善良的丈夫。“夫良人全凭有好贤内助，助兴家立业道夫良妻淑。”这样做夫妻都是贤孝。

从古至今，在婚姻方面都有三姑六婆。三姑：尼姑、卦姑、道姑。六婆：牙婆、媒婆、药婆、师婆、稳婆、虔婆。牙婆，就像现在的人贩子似的。药婆，卖药的。师婆，就像巫医神汉似的。稳婆，接生的。虔婆，妓院老鸨。这些人介绍婚姻你敢相信吗？这三姑六婆是阴道之媒，我们千万不要上当。

儒家道是一个常道，是平平常常、天长日久的道。平平常常的人，做平平常常的事，行平平常常的道，就像家常便饭。

什么是父母之命？父母要从孩子小时就引导他学五伦八德，早点给孩子讲，他容易接受，有些经典可以让他背诵下来。等他一萌生谈对象的想法就明白了，知道多大岁数恋爱合适。我们不提倡包办，包办确实存在弊端，但儿女一定要知道父母对自己最负责，要参考父母的建议。

什么是媒妁之言？婚姻离不开媒人，这媒人不是职业婚介，往往是亲戚朋友。这个人对双方家庭都了解，认真考虑男女双方地位等各方面是否相当。如果门当户对，他作为说和人给双方介绍，两边说一说，充当中间人的角色。如果两边都同意，俩人一见面，媒人完成任务。这样的媒人不赚钱，不图利。

为什么儿女要参考父母和媒人的话？父母和媒人都不包办，最终决定权在儿女。父母比儿女阅历丰富，经验充足。我们要提前告诉年轻的儿女，父母对儿女的负责程度，远超过儿女对他们自己的负责程度。父母责任心特别强，儿女根本达不到那种程度。为啥？子女没有那么长远的眼光，看不透本质。

选择配偶一定要谨慎，这是一件大事。过去择偶一般都查三代：父母怎么样？爷爷奶奶怎么样？太爷太奶怎么样？老人有经验，都知道这个道理。如果父母不善良，这个孩子不能找。为啥？父母若不善良，一般来说孩子就不善良。如果父母、爷爷奶奶往上几代人都善良，就算这个孩子现在不善良，将来也能善良。为啥？基因遗传。

我六七岁时在辽宁呆过，那里种高粱，要出穗时我跟老人下地打乌苠。乌苠也叫乌米，古称栗奴，是玉米、高粱种子被黑穗真菌浸染造成的。黑穗真菌生长在高粱秸秆顶端，是一种活基菌。但结穗之前看不出来，以后会长出乌苠。

玉米也是，种在地里生根发芽，结穗之前，我们都看不出有啥问题。等它蹿出红缨，结出个大乌苠，黑黑的不能打粮就

白费了，最后剩个杆，除了烧火啥用没有。

其实，人也一样。太小的时候看不出来人品咋样。但老人能看出来，他们会从父母往上看几代人。如果几代人都不善良，这男孩或女孩长得再漂亮，各方面条件再好，终究是个问题，为啥？基因不好。如果孩子小时候不咋地，不怎么孝顺，人品一般，可他父母、爷爷奶奶特别善良，他长大后，品行差不了。这种说法咱不能说绝对，只供大家参考。

有一次，我在广东讲课。一个女孩二十七八岁，她听了一期课感觉挺好，总结说："如果男孩或女孩没学过五伦八德，千万别搞对象，更不能结婚，不然得走很多弯路。"我说："你总结得挺好，你很有境界。"

那时她刚认识一个男朋友，她想让男朋友下期来听课。并且说如果男朋友来听课，就继续相处，不来就分手。她问我行不行？我说："你说得很有道理，但也不一定完全对。"你得跟人家说清楚，看他能不能接受传统文化。一点儿不接受不好办，要能接受一点儿以后可能完全接受，她说回去跟男朋友谈谈。

最初男孩不同意来听课，但因为刚相处，男孩对女孩恋恋不舍，加上女孩做思想工作，虽然内心不愿意，还是被迫来听课了。这男孩听了一天就走了，一点儿不接受。这女孩果断跟男孩分手了。

伦理道德要是不明白，成家立业后也是麻烦。好多人结婚后，孝顺父母、兄弟和睦、夫妻互敬互爱等这些都不懂。

顺便提一下“老公”这个称呼，很多人都不知道这名词从哪儿来的，国家没有这规定。在古代，公是太监，老公是老太监的意思。天天喊老太监、老太监，将来可能生育都有问题（开个玩笑）。我听着可难受了，一听心咯噔咯噔的。我看古代经典没有这词，可能是我孤陋寡闻。

“老婆”这词也不好听，叫爱人或妻子都可以，我看古人叫贤妻，表示谦卑的还有叫贱内的。或者直接称呼爱人的姓，老张，老李。直接叫名字，不提姓也可以。

婚姻起码有几条标准：

首先，岁数相当。四十多岁结婚太晚，十几岁结婚太早，太早或太晚都不合适；其次，相貌差不多。不能说长得不好看我不追求，长得好看我就追求，不能以貌取人。还有个头般配。一个两米多，一个一米多，差一大截，好像有点不太合适。

钱财、地位等放在最后。如果各方面都挺好，贫穷点不怕啥。古人讲：穷不扎根，富不长苗。贫穷不怕，以后努力，志同道合是最主要的。一般老人都能把握住，我们要告诉孩子：不能因为人家有钱，有地位，就拼命追，很危险。

我讲一个事例：我的一个亲戚，去世快二十年了。以前，他在县里当副县长，他的一个儿子跟一个乡下女孩搞对象，双方父母都不同意。男方父母让男孩找个门当户对的，男孩说啥不听。女方父母说，人家是干部子弟，你一个乡下姑娘，将来

不是问题吗？女孩说啥也不听。

俩人就这样硬结婚了。最初感情非常好，还生了俩孩子。天长日久，女方和公公、婆婆、大姑子、小叔子也有了一些摩擦。刚开始丈夫向着媳妇，全家人都攻击他俩。

后来，全家人都排斥女孩。久而久之，丈夫也看不上、瞧不起媳妇了。女孩后悔也晚了，苦果已摘下，苦水已喝上。

那时，她还不到40岁。因为是亲戚，关系处得挺好。每次传统文化课堂她都参加，但她的心结怎么也打不开，成天生气，着急上火、不吃饭、不睡觉，感情用事，不讲道理。跟公婆关系紧张，在家里四面楚歌，不到45岁就死了。你看因为这婚姻，一生的幸福没了，悲惨不悲惨？

所以，父母的话不能不听，父母能坑你吗？一定好好参考父母、亲戚朋友的意见，不然真是麻烦。两个孩子没有妈了，这个爹才四十多岁。再婚，就是给孩子找了个继母；不再婚，他不会洗衣做饭，不能生活，没几天家就造得不像家了。光有太阳，没有月亮，不行。一个人不像家，俩人才是家。

动物有雌雄，一阴一阳，合起来才有道，不然没有道。孤阴不生，孤阳不长，阴阳必须和合。古人讲：人身体好多地方都是用阴阳来表现的。这方面我们要特别重视，要深入思考。

古人讲：人受劝，车受垫。你说儿女怎么就不听话？甚至因为这问题得病，现在叫抑郁，过去是相思。儿女忧郁，父母忧思。

还有的人，感情受伤之后就不找对象了。父母头发都愁白了，打不得，骂不得。老姑娘、老小子搁家里啃父母。

2. 正确的夫妇观

男女有别，别在哪里？分工：男治外女治内。古人讲一阴一阳，男子法天道而行，女子法地道而行，这叫阳刚阴柔。古人讲：男子为主，女子为补，贤内助就是这么来的。

在家庭中，原则上是男治外女治内。如果女子在外面当公司经理，脚打后脑勺地忙，那男子就多承担一些家务。如果丈夫在外面没有多少活儿，妻子做家务累够呛，丈夫也要帮忙。

男女有别的第二层含义：界限。指男女之间的关系，不是夫妻之间，但涉及夫妻双方与其他男女之间有别。古人讲授受不亲，咱现在不讲这个，但起码男女之间要有一定距离，不能一点界限都没有。

我外孙女上中学，班里男孩和男孩坐一起，女孩和女孩坐一起，这样好不好？很好。孩子小这样坐可能有点不好，可男孩、女孩到了青春期，这样坐就很合适了。

记得我外孙女九岁左右，上小学时，和我们说："姥爷、姥姥，我们学校谁谁和谁谁他俩搞对象。"你看那么点小孩搞对象，这个问题老师知不知道？家长知不知道？这问题是不是非常严重？

还有一年，说哈尔滨有个14岁女孩生孩子了，恐怖不恐怖？家家都有儿女，这问题谁来管？当父母的都有责任管。

男女在一起工作可以，但得有界限。没有界限，没有防范心理，这是不是有问题？咱们讲伦理道德，要考虑自己做的事合不合乎道德规范，心理上有没有防范，行为上有没有规范。

像古时的礼仪，双方见面一抱拳，我觉得抱拳相当文明。古人对待男女有别非常严肃，男女之间要有距离感。在工作岗位上，说话办事力求把工作干好，不要有其他非分之想、非分之行，守住这方面的道德底线。

3. 正确的家庭观

怎么算正确？就是摆正，摆正夫妻间的相互责任。我们夫妻刚成家时住平房，我发现左邻右舍的夫妻都干仗，轻的唇枪舌剑，争吵不断。严重时砸东西，叮叮当当，啥动静都有。

为什么吵架？其实问题都不大，就因为早上夫妻俩忙着上班，还要做饭、照顾孩子，送孩子上学。晚上，一个接孩子，另一个买菜。有时单位有事，孩子不能及时接，买菜人多、再唠会儿嗑，就会导致接孩子的回来了，买菜的没回来，做不了饭。或者饭做好了，孩子没接回来，吃不了饭，都是矛盾，都是因为忙不过来才吵架。

这件事为什么拿这里讲呢？因为家庭需要夫妻共同经营，如果双方职责不清不好整，家里就争吵打闹，乱乱糟糟不消停。我家没干过仗，我妻子作为家属没有正式工作，她任劳任怨，把家务都承担了。我一生热爱马克思主义、伦理道德，净学习了，家里事我啥都不管，我们也不吵架。可能我家情况比较特殊，但确实比双职工家庭有优势。

我们在安达住时，邻居总吵闹打架，孩子特别能哭，一哭二三个小时，再不就大人哭。听着桌椅板凳的动静，就知道在打架，有时墙“哐”一下子，家里一点不安宁。

那时我就寻思，家里得有个人不上班，专门打理家务，伺候一家老少，另一个人出去赚钱。请保姆吧，一个月不少钱，干的活还不满意，伺候小孩儿也不放心。家务活怎么承担，确实是个麻烦事，很多家庭因为这个问题产生矛盾。

我觉得我家分工特别好，没因为家务事吵闹过。如果男子在外面多挣点钱，女子都在家做家务活多好，但我说了不算，只是个人认为这样挺好。

共同的家庭，共同承担家务。夫妻俩根据实际情况商量，不生气打架。经营家庭如燕子垒窝，一口一口泥，目的就是让家庭安宁。如果把家里搞得鸡飞狗跳，整天生气打架，人仰马翻，那是啥生活？

第二节　丈夫顶天立地

夫义的表现，包括五方面：

一、立志创业

丈夫为人子欲娶妻生子，首先得立志创业。从事哪个行业都可以，把事业搞成功不太难，但保持成功很难。创业时勤俭节约，等事业成功有钱了，心态容易有问题。这个丈夫，还是不是之前的丈夫了？还守不守铺了？

现在好多夫妻，丈夫一走，妻子就在后面盯梢，跟密探似的，看丈夫去哪儿了。妻子出门，丈夫不放心，也跟梢，看妻子去哪了？相互之间不放心。有时丈夫在路上碰到个认识的女子，说几句话，就被盯梢的妻子发现了。下班回家，妻子连饭都不做，气呼呼地等丈夫回来干仗。丈夫一进门，妻子就开始审问。妻子疑心重，丈夫说不清道不明。

疑心重不好，本来丈夫或妻子不那样，非说人家那样。再不翻手机，看到和异性的聊天记录，断章取义，赖上了。经常有人因为这样的事，跟我告状，其实根本没那回事。互相怀疑，不放心，感情用事，互相管控。没钱的时候拼命干事业，没那闲心。赚钱之后，事业搞大了，会享受了，这时是危险期，事业创成功了，守不住最可怕。

在各自本位上，夫妻都得勤劳。作为丈夫，应该豪爽义气、不虚假、不轻狂、见义勇为、舍己从人。围绕事业转，经营好事业，并能长久坚持下去。仁慈正直，责任心强，克服傲慢、粗暴、自以为是的心态。要坚忍耐劳，像古人说的穷理尽性，安身立命。还有真诚正干，真心实意干活，正儿八经地做事。男子如此做，事业定能守住。

二、真诚正干

为人一直能保持真诚正干特别重要，这就是要守住本分。中国历史上无论是儒家、道家或释家等，凡是出类拔萃的人物，他们都能守住本分。这方面有不少古训，古人讲，修道德也好，做德行也好，只要保持住本分，很快就能实现。成功后，如果一开始立的志、发的愿全忘了，本分守不住，就守不住事业。

三、不乱花钱

花钱时，要考虑父母需不需要钱？妻儿吃喝有没有着落？兄弟姐妹条件不好的，能不能帮一把？我看古书，古人说，儿女穿得比父母好，那就是不孝；儿女吃得比父母好，那更不孝。过去别说没有，就是有，我也不敢吃，不敢穿。不是不敢，是不能那样做。我总想父母比儿女穿得好，那才光彩呢！

现在挺多儿女觉得自己比老人穿得好才光彩。我儿女希望我穿得好，有这份孝心是对的。以前我经常被孩子们“弹劾”，他们跟我妻子或外人说：“你看我爸穿得像外包工似的。”其实

真那样。

我家住六楼，1988年冬月入户。丫头结婚时粉刷过一次，墙围子从来没刷过。阳台窗户漏雨，实在不行，换了一下。地没铺过，入户时屋里什么样，现在仍然什么样。前些年都是扛气罐，孩子们不让我扛，说太沉了。其实不沉，从气罐厂扛回来，一直上六楼，啥问题没有。才六十多岁，岁数不太大。可孩子们觉得我岁数太大了，不让扛，妻子也不让扛。家人强烈要求，我就不扛了。

后来外包工送气，送进来一看，问："你家是租户外包工吗？"我说："是啊。"我家不像别人家，又是地板，又是地毯的。我家沙发用了二十多年，我觉得挺好。

前面讲富润屋，德润身。如果有钱我润身，不润屋。不为房子付出，不为房子打工，不天天搞卫生，当房子的奴仆，那样不合适。要让周围环境伺候我，服务于我，我不服务它。

当然不是说我们什么都不干，什么都不管。屋里太不像样也不行，得干净整洁，差一不二。啥事都得有个度，过分了都是毛病。有钱财要用来提高我们的修养，身心健康比什么都重要。

我和张老师学习伦理道德后，收入除了生活必须支出和供养老人，剩下的都用在慈善道德事业上。我们有能力要施舍一些，教导儿女也这么做，但自己首先要做到。

当丈夫的，千万不要乱花钱。有一年，我在哈尔滨珠江路讲完课，去旁边一个学友的办公室坐会儿。其中有个男子，不到40岁，他和几个朋友聊天我听着了。他说钱挣得可容易了，有时一天挣十五万。我寻思啥工作这么挣钱，人多也不方便问，我还着急赶飞机。他说他们夫妻心眼可好使了，工人谁家有事一千一千拿，有时一万一万给。我一听真善良，就问了一句："你夫妻俩一年生活费多少钱啊？"他说："我俩可省了，一年也就花一百多万。"哎呀，给我吓一跳，一年生活费一百多万。我跟我妻子说："这孩子不好办了。"后来听说他买卖做不下去了，欠好多债。当时我就琢磨，一百多万还挺节俭，不节俭得花多少？

我们夫妻俩的生活费，前几年就算出来了，我俩一个月花二百多块钱。我问："二百多块钱能够吗？"她说："肯定能够。"我都不相信，也太少了吧。后来一想也对，米、油、菜孩子常给买。妻子去市场买最次的菜，买不大点儿的，干干巴巴的，鸡蛋买破损的，便宜。这日子跟人家没法比，一年三千块钱够了，你说这一百多万，是咋花的？买衣服穿多少年？吃饭吃啥呀？一个月八九万，一天花多少钱？作为男子，要保证不乱花钱。

四、心不好浮

别朝三暮四，看着家里的想着外边的，想入非非。因为心浮，夫妻干仗的有多少？离异的有多少？男子在外边找情人，妻子在外面找相好的有多少？很多电视剧演的都是这些问题。

心不好浮，男子要好好学五伦八德。有智慧，心里清静，性情柔和。别对妻子吹胡子瞪眼，把妻子伤了。不要每天在妻子面前愚鲁不达，闷气不说，忧思忧虑，有活儿不干，特别懒惰。

应该像古人学习，为社会做点贡献，传承五伦八德，劝劝世人，劝劝亲戚朋友。有的家庭很苦，咱不说救人，起码能帮他一把，这样才可以。为人既然能爱人爱物，那你对妻子肯定得尊重，互相关心，要把这个立起来才行。

心不好浮，对家里得负责任。2012年，我在南方讲课，一个男学员心浮，他妻子特别优秀。他在外边有个跟他相好的女子，后来妻子发现了。这个妻子，用古人的话说好像个女圣人，起码是个贤人，不简单。怎么着？这妻子跟丈夫在一起生活，没事人一样，一点不动心，不生气，真不容易。

一天，这妻子心平气和地跟丈夫说："你把你媳妇领回家来咱一起过。"丈夫一寻思：领家来？是不是要给我俩宰了呀？丈夫不敢，不往回领，再说家里有妻子，这样做也违法呀。

后来，丈夫寻思妻子总让领回来，应该是真心的，干脆领回来得了。丈夫就把他那个情人领回来了。你看这妻子说给你那媳妇领回来，她没有挖苦打击。

情人领回来后，三个人一起过，丈夫战战兢兢，他一看妻子面不改色心不跳，没事人似的。一般人做不到。你说她肚量多大？一般人早气死了。她像伺候丈夫、伺候兄弟姐妹一样伺候丈夫的情人，啥说没有。越伺候，这情人心里越发毛，越害怕，她跟这个丈夫说：“你媳妇把我吓坏了，她咋这样呢？对咱俩咋这么好呢？不行了，我可不在你这待了，我得走了。”这情人说啥也不在那待了。他情人寻思她来了之后，他们夫妻俩肯定生气打架，然后就他俩过了，可没成想适得其反。这丈夫跟妻子说，情人被吓走了，不回来了。这妻子和丈夫去请她回来，她说啥也不回来了。

现在社会上这样的矛盾挺突出，我讲这个故事大家可以参考。我们是一夫一妻制，不赞成男子或女子把情人领回来。婚外情不合理、不合法、不合情、不合义。

只是分享一下这女子的做法，如果是你，采取啥手段？去杀去砍，然后锒铛入狱？你可能说这女子可以用法律保护自己，怎么能采取这样的方法？这事怎么处理，每个人有自己的认知。所以，我们的心坚决不能好浮。身心浮荡后，魂不守舍，六神无主，说不定做出啥不好的事来。

五、帮妻成贤

丈夫应该怎么做？无论对谁都要谦虚忍让。做事讲究礼节，不能太浮躁，也不能太拘谨。夫妻间不能争贪，对外人也不要争贪。互相之间，克庄克敬，也就是庄严尊敬的意思。对待外人，有功有德往外推，这是明理之人。

在家里，我做得不太好。我做事，特别是关于五伦八德的事，妻子向来大力支持，给我创造条件，从不拖后腿。每次分享她都说："我就是助夫成德。"古人说助夫成德，现在讲旺夫之道。伦理道德方面，她没有时间学习课本，不明白道理的时候，我就告诉她，这不就是夫唱妇随吗？一唱一和。

助也好，帮也好，我俩从来没闲溜达过，串门都是去亲戚朋友家劝善、讲伦理道德。孩子说："我爸我妈这辈子没领我们逛过商店，没领我们下过饭店。"我俩也不自觉，孩子不说出来我们还不知道呢。后来我跟孩子说："哪天请你们去商场溜达溜达，请你们吃点儿饭。"孩子说："拉倒吧，我们请你们吧。"说完就拉倒了，到现在也没正式请过。

看电影更是没有的事，时间都用在学习传统文化上了，谁在五伦八德上有什么问题需要了解，我就帮一帮。

当丈夫的要顶天立地，家里家外要笃实宽容，办事讲究信用，不要太死板、固执，不要怀疑、嫉妒。在家里要知足有恒，能大义包容。如果这个人非常笨拙，啥也不会干，通过学习伦理道德，不论男女，都能聪明伶俐。因为你能改变自己，用伦理道德规范自己。

第三节　妻子贤良淑惠

下面讲讲妇节，古时候还有妇顺、妇听，它们的意思都一样。

一、关心丈夫

有些女子可能不相信这道理，不愿意这么做。凭什么我关心他？这真是个难讲的问题。你看电视剧里，男子一进门，衣服一脱，女子一般都会接过来挂上。等男子上班走的时候，女子拿上衣服给男子穿上。这是谁教的、谁说的？不知道。这是上古祖先一代一代传下来的，这是规矩，到现在还演绎着。小说也好，连续剧也好，这些文艺作品演的是什么？不都是伦理道德吗？有人会想，关心人有高低或尊卑的说法吗？没有，不能这么衡量。

如果夫妻情义很好，谁关心谁都无所谓。妻子出门时，丈夫拿衣服给妻子穿上，并嘱咐一番：开车注意安全等。是不是也可以？

总之，女子关心丈夫不能抱屈后悔。讲个故事，供大家参考：

2012年5月份，我们去广东东莞讲课，有一位传统文化课

堂的女老师，她以戒师的身份去讲课。

她说她是老师，丈夫就是一名普通工人。她瞧不起、看不上丈夫。她学习了传统文化，知道自己错了，决心改正，不然丈夫生气，她也生气。

每次丈夫出门时，她都提前把皮鞋油打好，把衣服拿下来给丈夫穿上，送丈夫出门时嘱咐一句："老崔，上班注意安全！"可是，她一寻思丈夫是个工人，就又生气。

一天，她边切菜边想：臭工人，我还得给他做饭。她为啥生气？丈夫喜欢吃肉，她喜欢吃素食，因此有矛盾。她说："人家吃肉我不切不行，我不吃还得切。"她越切越生气，越生气越使劲，咣咣咣，把菜板劈两半了。

菜板碎了，自己醒悟过来了，不对啊，咋又生气了？又瞧不起人家了？这怎么能过日子呢？丈夫对我可好了，我这样做对不起丈夫，对不起孩子，对不起父母。

脾气秉性就这么难克服，你说怎么办？她想得立住志啊，发过愿不再犯这样的过错，这改了犯，犯了改，不成"老改犯"了么？丈夫对她从来都是毕恭毕敬，但她身价掉不下来。

一天，丈夫从外面回来，进屋后她把衣服接过来挂上。丈夫也感觉出来，妻子不好的脾气秉性在转变。丈夫说："陈老师，鱼没有鱼食了，你给鱼喂点食吧。"她又掉链子了，听了丈夫的话，火"蹭"得一下就起来了，心想你还支使我。本来想得好好的，劝自己不能生气，不能着急上火。嘴上还叨咕着，可丈夫一支使，她马上忘了自己立的志，从盐罐里抓出一把盐扔进鱼缸，扔完就走了。

过会儿，她丈夫去看鱼，说："老陈啊，你看这鱼咋都翻白了呢？"她说："翻啥白？都睡觉呢。""啥睡觉啊？都腌上了，咸死了。"她说："我这个后悔啊。"丈夫养小金鱼也挺稀罕，你说我一把盐给腌上了。她说这咋办？这下把自己气够呛，心说还学习伦理道德，咋这么缺德败坏，咋就改不过来呢？平时自己总批评自己，一到事来的时候，一看到丈夫，丈夫一说话就爆炸，她意识到必须得改变。

从此，每天丈夫走后，她就照着家里的大镜子乐。她原来看不上丈夫，总也不乐，根本不会乐。刚开始练时，跟笑里藏刀似的，发不出来真心。她说："我确实瞧不起、看不上丈夫，我想发真心，就是发不出来。"一乐跟哭似的，天天照镜子乐，也乐不起来。

她说："我们总生气，脸上的肉都僵硬了，笑的时候眉开眼笑，肉能飞起来，我这飞不起来。"她说的有道理，我们总愁眉苦脸，忧愁悲伤，额头都有很深的沟，像垄沟和垄台似的。如果心敞亮，心旷神怡，就没有了。

可能做一件事时间长了，在潜意识里就会得到启发。一天半夜，她把自己乐醒了，从那之后，她见到丈夫能发自内心地乐出来了。每天对丈夫面带笑容，没人的时候也面带微笑。

都说神出鬼没，你一乐，喜神就来了，你一不乐，就像鬼

来了似的。她说整天乐呵的，家里都和和气气的。她练习了好几个月，确实不好练。刚开始心里的劲儿解不开。等一解开了，越瞅丈夫越愿意瞅，就好了。

后来，她改得可好了，夫妻之间真正做到了互相关心、互相尊重。咱们讲妻子关心丈夫，当然丈夫也可以关心妻子。夫妻在一起生活，组成一个小家庭，一个小世界，是一个小的命运共同体，无数小家庭构成全球大的命运共同体。

二、教子正道

教育子女走上正道，母亲对儿女的影响不一般。孟母三迁、岳母刺字，都是关于教子正道的经典故事。母亲的教导和培养是子女优秀的关键。

大家都熟悉孟母三迁的故事。孟母伟大在哪里？她能克服重重困难，改变孟子的所处环境。周围环境对人的影响确实大，但改变环境有多难？过去有句话：破家值万贯。当时孟母家里非常贫穷，带着孩子搬三次家可不是一件容易的事。

我们设身处地地想一想，如果孩子所处环境不好，我们能马上把楼房卖掉吗？尤其过去搬家还涉及土地，身边的老亲少友，能互相帮衬过日子的资源等，这些都要放弃，全不要了。搬一次家得费多少力气？置办东西得花多少钱？孟母搬三次家，得多大损失？承受多大压力？孟母不惜一切代价让孩子有个好环境，这是尽慈，教子走上正道。

历史上有好多这样的人物，周朝祖先德行好，才能培养出优秀的子女。古公亶父是文王的祖宗，涉及王位继承，三让天下。周有三仁焉，文王、武王、周公。太姒，是母亲的典范。好多元勋、老帅、国家领导人，都是贤母圣母培养出来的。所以母亲对孩子影响不一般，子女能不能出息，母亲是关键。

在家里，孩子我管得少。开学前买文具我一次都没去过，书皮好像包过两次，都是我妻子张罗。那些年在家里办传统文化课堂，顾不上关照他们。三个孩子睡一张一米三的床，来的人多时，孩子们都要去走廊写作业。

我家小子学习不用管，俩丫头学习不行。老师经常找家长，我去过几次，我妻子去的次数多。一开家长会，我们就被老师好顿批。回家后，我妻子也批评孩子，但批评得轻。我批评得狠，凶神恶煞一样，孩子怕我，不敢出声。我妻子看我管教过于严厉，当面不敢说，怕我不愿意，就私下偷摸跟我父母、姑姑等长辈说，他们一起“弹劾”我。

那时正好我姑奶在我家，她老人家年岁长，传统文化都懂，她说不能这样教育孩子。我寻思：这孩子成绩不上去，我们总挨老师批评，不管咋整？我姑奶说：“学啥样算啥样，管她干啥？”不让我们管，她不怨孩子，还心疼孩子。

长辈一说我就反省了：像我这样吹胡子瞪眼的，有时候孩子犯错误了，甚至还不让孩子吃饭。把孩子吓够呛，也管不好，可能智力没开发出来，开窍晚，学啥样算啥样吧。就像我姑奶说的，你别看她们现在这样，将来都会有口份。口份是啥？有一份工作，能吃上饭。

我姑奶德高望重，三番五次说我，我也就听劝了。但孩子的品德得保持住，孝顺父母、团结兄弟姐妹、尊敬老师、不打架斗殴、勤劳节俭等。从那以后在学习上我们正常督促，不像以前那样狠狠批评，甚至不给孩子饭吃。教子正道，夫妻都有责任，但当妻子的对孩子影响特别大，要贤良淑惠。

三、理好家务

家要有家的样子，不管工作如何忙，家务要拿得起放得下，夫妻共同承担。有的学员家里不打扫卫生，物件各方面都不洁净，这不好。

多年前，我去一个远房亲戚家串门。一进院子，草木狼藉。我跳着脚进屋，屋里厨房连着炕，鸡鸭满地，到处都是粪。亲戚让进屋坐会，我刚准备坐下。一看炕沿，高低不平，还是弯的，厚厚一层灰，上面好几堆粪。我一看这也太脏了，我倒不是笑话人家，我也不太干净。我说我没啥事，还得去别人家办点事，就不呆了。说完我就往外走，转身的间隙看到旁边有一个衣柜，半开着门，一个黑被角垂在地上。我一想这是白被里，都成黑的了。我的天哪，可能三年都没洗了，其实我真不是笑话人。这样的家庭，你说哪行呢？女主人没事，揣着兜，满大街溜达，咋就不洗洗被褥、扫扫院子？

学习伦理道德以后，我们经常去亲戚朋友家讲道、劝善。有时在人家吃饭，咱也不能把自己当客人，就去厨房盛饭盛菜。盛菜时一手握着锅的把手，有两家的把手把我手粘上拿不下来。掉灶台上几片土豆片，我寻思夹起来还能吃，别浪费了。一夹夹不起来，土豆片粘那儿了。你说有时间收拾收拾多好，咱不需要太干净，但也不能太脏啊！

四、善待夫友

从古到今，都有朋友这条道，这非常重要。能善待丈夫的朋友，不太容易。我妻子，凡是我的朋友，都能善待。

我刚参加工作时，有两个朋友：一个叫夏长福，另一个叫刘宪国。夏长福去世了，刘宪国仍健在。那时我20多岁，距今快50年了。我有一双21.84元的皮鞋，就是这两个朋友在安达给我买的。

后来工作变动，我被分到建材，他们被分到采油部门。夏长福住在三路线，骑自行车20分钟左右就能到我家。他起初是采油工，后来搞保卫，他媳妇在材料库上班。我第一次去他家，那天是星期六上午九点半，他给我沏茶喝。我寻思上午谈一会儿古文化，下午再谈一会儿，然后再回家。可到了中午他妻子

没做饭，我没想别的，寻思可能人家有什么事不方便。一点多钟，我饿了，就张罗回家。当时朋友说：“在这吃饭吧！”我说：“吃啥饭呀？”心想：都下午一点多钟了，早该吃饭了。我知道这里面肯定有什么事，但没怀疑朋友，就走了。回家后，我告诉妻子给我做点饭，她问：“你在朋友家连饭都没吃着？”我说：“没有，他家肯定有啥事。”我俩啥也没考虑。

我在家刚吃完饭，朋友刘宪国打来电话说：“大邹，你是不是没吃着饭？”我说：“是啊，你咋知道呢？”夏长福没好意思给我打电话，他给刘宪国打电话说：“你弟妹人挺好，就是有点节俭，舍不得吃喝。”刘宪国跟我说：“不要往心里去，弟妹就那样。”后来我才知道，夏长福得肝癌了。他干保卫工作，工资不低，工资条都被媳妇控制着，他不憋气吗？朋友来连顿饭都没吃着，能不生气吗？当时我头脑笨，按理以后再别去了呗。我又去了，去好几次。再去我就有心理准备了。要不早点去，要不中午吃完饭再去，赶在吃晚饭前走，不给人家出难题。

时间长了，我有点不愿意去。既然人家不善待朋友，我们得有自知之明。后来有半年没去，正想去呢，刘宪国给我打电话，说：“告诉你件事，夏长福家买楼了，就在你家附近。哎呀，你不知道，夏长福肝癌手术了。刚从上海回来，说过几个月，还得去上海复查。”

夏长福来我家，我们咋对待的？我比较喜欢素食，他比较爱吃荤食。因为有孩子，我家有荤食。他每次来，我妻子又是鱼，又是肉，又是饺子，又是豆包啥的，好好招待。走的时候，他说啥好吃，我妻子都给拿点带走，这不是待客之道吗？

我还有个朋友，叫高太泉。我们都很忙，联系少，但关系相当好了。我去他家随便，他来我家也随便，愿意吃啥饭都行。他叫我们哥哥、嫂子，两口子都善良、孝顺。尤其是高太泉，特别孝顺，双方四个老人，他都伺候过，这是真善美啊！

话说回来，夏长福病成这样，离我家这么近，我能不去看吗？跟我妻子一合计，赶上个星期六，我们就去了。大约七月份，大地的瓜没下来，大棚的瓜下来了，市场上不少卖的。

我俩去了问问情况，劝他别生气、别着急、别上火。我说："肝病怕气，不行检讨检讨为啥生这么大气呀？跟谁生气了？"咱也不好问，不好说，简单劝一劝，他哼哈答应了。那时他就不爱说话了，心理负担可重了。人一得这病，到了手术这步，心里是恐惧、忧愁、悲伤都有了。

唠了一会，他妻子从冰柜里拿出一个瓜。我瞅瞅我妻子，心想：他妻子这是要给我俩拿瓜吃呀。她去厨房洗完甩甩水，我寻思：给我俩一人一半也行。她拿着瓜，看都没看我俩，直接给她丈夫了。

你说给我俩一人一块也行啊。咱不是说人家怎么地，这么大个人，不涉及馋不馋的问题，涉及场面尴不尴尬的问题。你说尴不尴尬？待了一会儿，没啥说的了，我俩就回家了，之后各忙各的。

到了秋天，刘宪国又给我打电话说："夏长福住院了。"我说："复查怎么样啊？"他说别提了，夏天时，夏长福说，再待三个月去上海复查。他媳妇说，不用去上海，大庆就能复查。当时不明白原因，后来才明白。按理在哪手术在哪复查，人家知道咋处理。在大庆复查，水平也不中啊。为啥在大庆复查？不需要路费和住宿费，这些费用又不给报销，他媳妇就为省这个钱。夏长福那时快到退休年龄了，采油部门退休工资一个月至少五千，你说他媳妇咋不算这账呢？

我咋知道的？他侄女和他哥哥，我非常熟悉，都是建筑公司的。他病重时，我去大庆传染病医院肝炎区看他，他哥哥和他侄女都去了，他哥说："我这弟妹，可把我弟坑死了。"

北方的秋天屋里阴冷，还没供暖，我们去外边晒太阳。他媳妇陪着，照顾得挺好，就是舍不得钱。有一天，亲戚朋友十多个人去看他，连点水也没给喝。正好来个卖冰棍的，他媳妇去买，我寻思给大家一人买根冰棍也行。结果就买一根，回来给她丈夫了。夏长福那时都不能说话了，用眼睛瞪她媳妇，瞪了好几眼，没接冰棍，心里老生气了。你说这病能好吗？

老话说：给东西，任落一群，不落一人。那天谁也没吃着冰棍，谁也没吃过他家一顿饭。活在人世间，哪能这样？

一个多月后，夏长福去世了，我们又去了。我寻思花点钱，送朋友最后一程。到了火化场，我们几个朋友聚在一起，看给多少钱合适？那几个朋友说：“拉倒吧，朋友都走了，钱给谁花啊？别给了。”本来想给点，看大家都不同意就拉倒了。火化完我们就走了，朋友关系也断了。

如其不然，真正的朋友，到啥时候也不能断。特别是朋友去世了，留下孀居的媳妇领着一个姑娘。她有事时，我们当朋友的一定要帮一帮，这是人之常情。所以我们一定要善待朋友，不要给朋友出难题。

还有一个老朋友，蒙秀芝。我们认识三十多年，在1983年我教课时，她来听课，就建立了联系，后来成为朋友，有什么事，互相关照。

我的朋友每次来家里，我妻子对他们可好了。走时，吃的啥都给拿。当妻子的一定要善待丈夫朋友，多一个朋友多条路，真是这样。

五、助夫成德

这里有好多问题，讲坤道妇理时，还要详细讲，这里不说太多。居家过日子，女子比男子累，伺候小孩儿，打理家务不轻松。我家三个孩子，我妻子伺候他们吃喝拉撒睡，事情很多，别人根本代替不了，我没出什么力。

助夫成德，当妻子的得会当，不会当累够呛，有时还得不偿失。比方说，夫妻之间，有的性子快，有的性子慢。我们讲

课时遇到过一对夫妻，妻子急性子，说干啥就干啥，丈夫慢性子。好像配对配好了似的，一个快的配一个慢的，要是都快，像齿轮似的，可能就蹦齿了。夫妻之间其实是互补的，细想真是这样。

有一天，妻子做饭没有酱油了，跟丈夫说："赶快出去买一瓶。"丈夫拿钱就去了。超市不太远，走在路上看见旁边有下象棋的。他停下看，寻思看两眼无所谓，这一看忘了买酱油的事了。一盘棋下完了，他才想起来要买酱油。买完回到家，过去一个多小时了。

这妻子性子急，酱油没用上，气得够呛。自己做点饭先吃了，丈夫回来得太晚也没吃着饭。等回来，妻子就跟他干起来了，一顿挖苦，那也没用啊！他就是这样的慢性格。

还有的妻子说："我丈夫，一天不说一句话，你给他一棒子，他可能都不说话，你说气人不气人？"确实有这样的。后来我们分析，为啥丈夫不说话？因为妻子整天搁嘴拧人家，这不对，那不对，啥都不对，整天嘟嘟囔囔，丈夫烦死了。既然说啥都不对，人家就不说了，都你说吧。

特别是有好多女强人，干啥像啥，但得不少病，为啥？这看不惯，那看不惯，总着急、上火、生气，甚至有时忙得不吃饭，整一身病。有时感冒发烧，干不了啥还呼呼生气，丈夫不敢言语，劝她也不听。严重时，甚至打丈夫，有时挠出血。

我们去各地讲课，遇到老多这样的事了。还有的又哭又嚎，坐炕上诉苦，说家里的活儿都是她干的，没人替。这一家人狼心狗肺，谁都不管她。可伤心了，一哭哭半夜。丈夫也陪不起呀，有时就烀猪头。猪头都烀熟了，她还在那骂，还在那叨咕。你说身体能好吗？扛得住这么熬吗？

干活儿这事，妻子得会当。真会当妻子，支嘴就行。丈夫胳膊粗，力气大，他也不是那么懒。丈夫干什么活儿，妻子都相不中。碗刷不净，地拖不干净。都得自己重干，还给丈夫一顿损。丈夫寻思：拉倒吧，不干了。生气了，走人了。她乌了嚎疯地，一边骂，一边叨咕，一边干。这都是讲课时学员分享的，好多家庭的妻子都这样。

有几年我家亲戚朋友来得多，可以说人不断，活儿也特别多。我家水泥地面被我妻子拖得溜光锃亮，不比地板差。有时看妻子干不过来，于心不忍，就帮着洗刷拖鞋，拧拧衣服，拖拖地。

当时我要上班，要讲伦理道德课，事情比较多。家里帮不上啥忙，偶尔干点还没少受表扬。她说："要不是你帮忙，我得整一天。你看咱俩一上午就完事了，你想吃啥菜，我给你做。"我说："拉倒吧，吃素食，又不吃肉，能整啥菜？我知道你这是溜须拍马来了。"

所以，有时妻子得善于支嘴。我妻子没支使，我主动干，她就表扬我。受表扬后我并不高兴，不表扬我也不生气，因为我明白这个道理。

助夫成德，就是助夫成就道德善路；帮妻成贤，就是帮助妻子成为贤良淑惠。中华民族数千年历史，一代代走五伦道，都是这样走过来的。

亲戚朋友来我家学习伦理道德，一般连来带去五天。人一走家里活很多，我俩就收拾，没有两天时间收拾不利索。

首先，我的书本得归位，大人孩子的衣服、被子，有的床单撒上菜汤了，都得洗。鞋都得刷，那时没有洗衣机，用手搓。我妻子可累了，有时我帮着拧拧衣服，拖拖地，但我没人家心细。她说你拖这地有点美中不足，这有点儿没拖干净。我说是吗？再拖一遍。拖完她又去检查了，她态度非常好。如果态度不好，我早就不干了（开个玩笑），态度好我多干点。

因为干家务活我妻子没少表扬我，后来我寻思，这是软刀子。其实这是以柔克刚，记住：女子的柔绝对能克男子的刚。通过学习修炼，达到身心柔软，性格柔柔软软，绵绵长长。

各位女子可以回家试试这招，多表扬丈夫。哄着他，他就爱干家务，累得满头大汗，你问累不累？丈夫说不累。你乐呵呵地一支嘴，丈夫就把活儿都干了。那你为啥还天天赌气冒烟，把丈夫损够呛，活儿都自己干了，累够呛。

女子有个特点，一跟丈夫生气就干活，家里的活儿干完了，干地里活儿，越干越生气。生完气哭天抹泪，浑身疼。千万别生着气干活，对身体不好。咱们不是要做服务员吗？要低矮啊，低矮是高尚的品德。

过去我们夫妻俩也生气，但好得快，不隔夜，一天或一会儿就好了。不少师长学友分享说他们夫妻生气，有时能生半个月，两个月，甚至半年，晚上都背靠背。我说这真能憋，那不把人憋坏了？俩人都想让对方先说话，先服软，都在那较劲。

我俩生气一般都因为管孩子，买菜，因为花钱生气的时候也有。特别是年轻时，我一生气就不吱声，我妻子每次都主动说："别生气了，拉倒吧，你对还不行吗？"我就不生气了，拉倒了。

大家都认为谁先说话谁低贱，对不对？这一点可把人坑苦了，其实都整错了。后来我学习传统文化才明白，不是那回事，**谁先说话谁有智慧，谁先说话谁有德行**。你说夫妻之间一生气生半年，这半年咋过？气大伤身后悔难，气性大容易把身子气坏了。着急上火，赌气囊塞吃饭，有时噎那了，是不是难受？生气不合适，以后再生气主动说话，劝劝得了。人家都说夫妻间没有隔夜仇，生啥气，拉倒算了，这是助夫。

助夫成德，还有一点要注意。从1972年2月到1981年，我吃了10年食堂。1980年搬到现在的家，陆续在家吃饭，我从1980年开始学习，1982年以后基本都在家吃饭，在家学习。一般都是吃完饭我妻子就把三个孩子领出去。家里不宽敞，我只能在卧室学习，关上门，孩子也不能干扰。1982年考上电视大学。

妻子支持我学习，从来不反对，都是以我为中心。她起得早，每天早上都让我多睡一会儿。她这人特别精神，可能是因为比我睡得早。家里不来人的时候，她晚上八九点钟就睡了，我得12点左右才能睡，学习的时间都是挤出的。我有事，我妻子一直陪伴到底。

我们在安达住的时候，有一块马蹄表。我经常出门，去亲戚朋友家。不算讲课，单去辽宁走亲访友就四十多个来回。那时乘火车来回倒车，每次走不是半夜，就是凌晨。妻子给我搂着表，搂了将近40年。她让我睡觉，她看着时间，其实我也睡不着，但她看着表，甚至连眨眼都克制着，怕一打瞌睡，睡着了，错过我乘火车的时间。

直到五六十岁时，我才问她："凌晨两三点钟的火车，你看着表，不困吗？"她说："咋不困呢，提前两三个小时就不敢睡了。"你说受不受感动？别人谁能这样付出？天长日久真不容易。吃喝穿戴，她都可着我。吃什么东西我要不在家，她都不吃，非等我回来才吃。这都不容易做到，这是助夫成德。

如果我有一点点成绩，那都是我妻子的功劳。比如写古典诗词，从1976年我们结婚开始，写了七年，之后写得很少。当时我写了七八百篇，扔掉四五百篇。为啥？一开始写的东西不成熟，后来写的觉得还算可以，就留下了。

我妻子晚上不到五分钟就能睡着。我平时写或改都到凌晨，枕边放着笔和纸，来灵感马上哗啦哗啦写下来。经常把我妻子惊醒，我妻子不生气、不急眼。

她这人就这特点，只要你干正事，她从来都大力支持，这是不是助我？要不是她助我，古典诗词我写不出来，写也不可能写那么多、那么好。在诗歌《心流》的后记中我写了，多亏我妻子助我，若不助我，不能成功。这是说助拔丈夫，提升丈夫，属于旺夫之道，也是旺家之道。

迷迷糊糊的，不明白还相信，叫迷信。明明白白的道理说清楚了，不叫迷信。你一定要明白这个道理。在课堂上，好多夫妻一起分享，在家里如何践行伦理道德，哪个做到了，哪个没做到。分享时我们都听到了，好多男子不行，女子就贬低，往下踩，一顿损。男子生气，百口莫辩，他都不想说话了。

古人将男子比喻成一块木头，妻子的嘴就像一把刀。一刀一刀砍，砍来砍去，丈夫就完了。你说丈夫说话办事都不行怎么办？你教他话怎么说，事怎么办，往前推一推。时间长了，他就会说话办事了，不少女子都是这样助丈夫的。

有的女子一天嘴不停地说，丈夫就没啥说的了。我们搞个试验，女子少说点，对丈夫温柔点，丈夫慢慢就说话了。办事也是一样，有的丈夫在外面不会办事，尤其是没学过伦理道德的，真不会办事。如果当妻子的七三八四好顿挖苦，批评指责，他就畏了。见到妻子有种恐惧感，怕指责批评他。如果反过来，你耐心告诉他这事怎么办。有啥事需要丈夫出头，你就把他往前推一推，说：“老李，这事得你去办，该你男子汉大丈夫出头了，哪有妇女总出头的？”道理讲清楚后，心平气和地劝他，一次不行两次，两次不行三次。慢慢地，他就既会说话又会办事了，这就是助夫成德。

这是自然法则，不是我心血来潮随便讲的。伦理道德是自然法则，我们一定要与自然法则同步。

第九章　兄友弟恭（兄弟道）

第一节　文化基础

兄弟品德教育是指兄友弟恭，或者兄长友爱弟弟，弟弟恭顺兄长。

伦理序长在友爱。首先，兄弟团结，包括四点：讲义气、不分家、能受气、同办善。其次，兄长友爱弟弟，包括三点：尽兄道、当好家、领做事。最后，伦理序幼在恭顺。弟弟恭顺兄长，包括三点：顺兄长、无父从兄、树形象。

在兄弟伦中，涉及的内容很多。首先将其在伦理道德中通用的五德、五行、七要、六能、十恶、富贵功名等讲一下。

一、五德

五德是指勤、俭、谦、让、权。我的爷爷哥五个，讳名为：邹克勤、邹克俭、邹克谦、邹克让、邹克权。为啥要讲勤、俭、谦、让、权？这既是传统美德，又是我太爷给我五个爷爷起的名字，很有意义。每个名字里都有“克”字，“克”是能够的意思，“权”是权宜，或者权智，具有通权达变、智慧之意。

此外，还有一个五德：恭、宽、信、敏、惠。“惠”指有好处，有实实在在的利益。

二、五行

五行，“行”指的是行业。古代指士、农、工、商、官，现代指工、农、商、学、兵。随着社会发展，越来越多的人热衷于学习古代文化，服务于现代社会。

三、七要

我们在落实五伦八德或慈善道德时，要做到七要：志要恒、意要诚、心要正、身要修、家要齐、道要传、人要教。

志要恒：要有恒心，就是大家常说的“立下志”“下决心”的意思。意要诚：心意要真诚。心要正：做事时公正、公平、公道，正而不邪，不能偏。身要修：去掉身上不好的习气。家要齐：落实五伦八德时家人要齐心协力，达到家庭和睦。道要传：宣传五伦八德，使传统文化服务于更多人。人要教：教育人走正道，为和谐社会服务。

四、六能

六能：能恭敬、能谨慎、能谦虚、能明理、能委曲求全、能忍辱负重。

五、十恶

十恶：杀、盗、淫、贪、嗔、痴、绮语、两舌、恶口、妄语。下面我从身、心、口这三个方面展开来讲。

1.身，包括杀、盗、淫

指杀人放火的事绝不能干，这是仁慈不杀；偷盗国家、偷盗人民这样的事也不能干；不能搞男男女女不正当的、暧昧的、邪淫的事。

2.心，包括贪、嗔、痴

贪，指贪得无厌，争贪搅扰。嗔，指说什么事情都不愿意，达不到要求就生气、面目就难看、忧愁，或吹胡子瞪眼，有时候和嗔怒、嗔恨连在一起。痴，指愚痴，或者说迷糊、糊涂。

3.口，包括绮语、两舌、恶口、妄语

绮语，指花言巧语，尽说好听的，可会说了，能说会道。两舌，指互相之间搬弄是非，挑拨离间。人家关系很好，他一挑拨，给搞坏了。恶口，是指说话特别粗鲁，骂人的话特别难听，让人听了很难受，如唇枪舌剑。妄语，指说的话都是谎话，不切实际的、假的、骗人的。这些都不要做。

我再从四个方面展开说下“痴”：

（1）爱女嫌媳。指婆媳之间，做婆婆的只关心自己的女儿，嫌弃儿媳妇，这不就是愚痴、糊涂吗？

（2）不敬师范。指不尊敬老师或师长，以及模范人物、时代楷模、道德模范等。对待有知识、有美德的老师，你都不尊敬，那不是糊涂、愚痴吗？

（3）工作不忠。我们无论做什么工作都要忠心耿耿。像我们敬爱的周总理，他忠于国家、忠于党、忠于人民。我们要向他学习，不然不就是糊涂吗？

（4）疏亲近友。亲，主要指父母，扩展一点也包括兄弟、姐妹等亲人。我们不能因为亲近好友，和好友相处很好，就与父母、兄弟疏远，这样不对。

六、富、贵、功、名

再讲一下富、贵、功、名。无论古代还是现代，都有人喜欢追求这些，这也没问题。不过我们一定要明白，得到富贵功名者是什么样的人。

1.富，是有道者

为什么有人会拥有几百亿、几千亿的财富？他得懂道，精通道，比如经济学之道、经商之道。当然，这里也包括做人之道。

2. 贵，是有德者

没有德行，做不到贵。有句古话说“贵为天子”，是说他德行深厚，很尊贵。也就是我们今天常说的“厚德载物”，“德”就是“得”的意思。

3. 功，是苦行者

能为社会建立功勋，像参与抗疫、抗洪等吃苦耐劳、无私奉献的人。大庆油田的铁人王进喜不怕苦累脏，为民服务。他们都是苦行者，是为社会做功做德、为国家建设出力的功勋。

4. 名，是为公者

在中国以及世界上很多国家，有些人一生都在做公益，做慈善。他们舍了很多，付出很多，被称为大慈善家和大道德家，他们远近闻名。这种为公办事而出的名，是好名声，是真正的功名，和常人追求的名利不一样。例如学士、硕士、博士，这不都属于功名吗?

人们追求这些没错。同样，国家也需要富强。国家富强，人们安居乐业、心情愉悦，这都是好事，但前提是都需要有道、有德。

在日常生活中，当我们遇到问题或困难时，上述这些都能用得上。如果我们能做到这些，相信人与人之间的矛盾会迎刃而解，也能为社会和谐贡献一份力量。

鉴宝栏目中，一些东西都是从古墓里挖出来的，当然，搞文物鉴定的专家也是为了更好地保护文物。古人去世后把好多东西放进墓穴，给盗墓贼留下机会，好多墓都被盗了。这就是有私心，感召的就不好，导致坟墓被破坏。

“德润身”是追求精神泰然安康。“富润屋”是追求物质享受。说装修房屋很费钱，是我们服务房屋，还是房屋服务我们？多少家族败落或经商失败，为啥不能久长？有金钱有财宝，却不好好走人道，守不住做人的本分，最后败坏道德，古人讲道德沦丧。

讲课时好多人分享，有钱不会花，花不到刀刃上，没花在正道上，都挥霍了。整天游手好闲，不务正业。钱本身没有性格，但它随人性。人啥性格它就啥性格，好人花随好人，坏人花随坏人。

“劳力者不劳心作活人壮，壮年青身虽忙心闲不忙。”好多女子一干活就生气，容易受伤。有的学员分享，学习之前一生气就干活，边干活边抱屈后悔，浑身难受。生气的时候少干活，干活别抱屈，别后悔，对身体有好处。

有时候我跟妻子说：“咱俩换换，我不想去讲课了，你替我讲，我干你的活，我可愿意干活了。”她说不行，她整不了。

我觉得干点活儿非常潇洒，能锻炼身体。我妻子不往外边跑，不到处溜达，也不跳舞，但身体很好。她说我应该减减肥，但我没时间锻炼，所以我想换一换，干点活，不想整这个，但又推不掉。干活是为人民服务，可乐呵，可好了。

劳力者，一心一意干活，心无旁骛，心灵不受伤，身体健

康，气定神闲，多好！干活既是修炼，又很现实。把家里的活干了，一生当服务员，我觉得这是无上的荣光。

第二节　团结和气

家训云："第四伦兄弟教手足悌道，关血统亲兄弟一乃同胞，兄弟伤如手足争吵打闹，伤天理父母寒家道穷苗。交朋友如兄弟在家行好，好不了好朋友不与相交。"意思是说兄弟要和气。

我太爷和我二爷都好交朋友，他们也和兄弟相处融洽。如果一个人连哥兄弟都不能容，那他就交不着朋友，就算能交着朋友，也交不到好的朋友。所以说哥兄弟之间团结友爱最重要，团结就是古人讲的和气。

在一团和气方面，我的五位爷爷和一位姑奶做得都特别好，所以我就讲一讲我们家前辈的故事。

除了二爷，其他四位爷爷我都见过。我爷爷讳名邹克谦，1960年，从辽宁搬到黑龙江。当时兄弟几个就我们这股留在辽宁，我太爷太奶在辽宁去世。爷爷的其他兄弟都在黑龙江省肇东县（现肇东市），爷爷、奶奶到尚家乡（现尚家镇）来投奔兄弟们。

这几个爷爷特别和气，我简单说一下：当年我老爷（爷爷最小的弟弟）在肇东县里，离尚家乡尚家火车站十公里，我大爷和我四爷住在肇东县海城乡，离肇东县十公里，离尚家乡十公里，构成一个等边三角形。

哥几个常常在年后互相走动，或夏天、秋冬大家都有空时走动走动，一年能走动两次到三次。因为我是长孙，爷爷经常领着我到我大爷家、四爷家、老爷家。真应了古人说的六十岁以后，没有太多的事情了，领着孩子出去玩。在玩的过程中，给孩子讲讲先人有德行的故事，教育教育孩子。

爷爷带着我到各家走动时，我看到他们兄弟之间非常团结和气。比如我大爷、我四爷、我老爷来尚家乡看我爷。当时农村都是火炕，四个老爷子一个角坐一个。我爷爷和我老爷读过私塾，我大爷和四爷没读过，但他们讲话非常有水平，善讲伦理道德。

过去，我家还有四书五经，带硬壳的精装版。我看见爷爷拿出来过，那时我十多岁，还不太懂。

我大爷和四爷，为什么讲话那么有水平、那么厉害？尤其是我四爷。我四奶说话也特别气派。我接触我四奶起码有六七年光景，我四奶说话动不动就用成语，像个教书先生。她本来是个普通的家庭妇女，大字不识一个，说话却咬文嚼字。不慌不忙，抑扬顿挫，能把话说得特顺溜，我也不知道她为什么能做到这一点。

那时期，我正练习写古典诗词，总寻思我四奶跟谁学的，说话滴水不漏，动不动说个成语、甩个名词。她不是显摆自己，平时唠嗑就那样。

我父母都非常愿意和我四奶唠嗑，我总琢磨她这是跟谁学的。我一细想，肯定是跟我四爷学的。

我四爷一字不识，讲话却很有水平，又是跟谁学的？我一追查，是跟我二爷学的。为什么？我二爷念过私塾，经常做买卖，中华人民共和国成立前是商务会会长，又担任过慈善会会长。后来提倡办道德会，担任道德会会长。我二爷经常接触官方的人员，和一些知识分子打交道。我大爷、四爷、老爷经常帮办，他们都当过道德会副会长。我四爷就是跟我二爷学的。

来黑龙江前，我爷爷在老家也当过道德会会长。我几个爷爷都特别有气质，用现在话来说就是特别气派，让人肃然起敬。我伯父是军人，国高毕业，当初在沈阳军区后勤部工作，算盘、书法都很厉害。那时凡是念过私塾的人，毛笔字都写得非常好。

我伯父后来当教书先生，他善讲故事，道理懂得也多，《三国演义》《西游记》，他都能倒背如流。在生产队，大家一般管我伯父叫邹大先生。在铲地或割地歇气时，社员马上围拢过来，让我伯父赶快给他们讲故事。但生产队队长和领工员都不愿意，为啥？一讲故事，耽误干活。

过去过年需要写对子，婚丧嫁娶需要写字，大家都找我伯父。年前得写好几天，一百多户，谁家不写个对联，写几个福字？那是我伯父的喜好，当然不只我伯父一个人写，念过私塾的都会，写得可漂亮了。那时如果评比，个个都是书法家，真就这样。

为啥说这个？我伯父一般人不服，讲故事是讲故事，不跟谁唠嗑。你不明白、不懂，他根本不搭理你，我伯父是这样的性格。

我几个爷爷都是慈善会、道德会、商务会的，这些行业有好多行话。像我爷爷他们说，哪个会长做慈善修为怎么样，道德品质如何这些话的时候，我伯父往往插不上嘴，但也在旁边听着，不愿意走。一般人唠嗑我伯父都不听，好像唠不出来水平，到不了他跟前。

我伯父在炕沿上趴着，或站在地上靠着炕沿愣着。竖着耳朵，毕恭毕敬地认真听，像听课似的，听得津津有味。当然都是唠家常。我伯父念过私塾，但唠专业性的道德慈善，没学过唠不出来。我几个爷爷你一言我一语，炕中间放几个碗，没有茶壶和茶叶。用大锅烧水，用盆盛出来，一人一碗白开水。一唠一上午、一下午，可亲切了。

怎么个亲切？咱再说点细节：我老爷坐火车回家，从尚家乡到肇东县三毛钱一张票，不用送。我大爷和我四爷住在乡下，我爷爷送这哥俩，距离十公里，哥仨边走边唠嗑。我们那边有个小山，走过了小山，差不多走了五公里，我爷爷再一步一步走回来。那两个爷爷到家了，我爷爷也到家了，你看我爷爷这么送兄弟。

十公里，得走三个小时。年轻人快走也得两个小时。我们都试过，从尚家乡去肇东县赶集，老人常常给我们三毛钱坐火车。我们舍不得花，来回走，省下六毛钱，留着买文具。那时本子二分钱一个，也有五分钱的，六毛钱能买多少个本子？

赶上冬天，我爷爷在回来的路上看到马粪什么的，用兜儿兜回来；看到玉米秆或毛嗑秆什么的，用胳膊夹回来。那时的老人都这样。爷爷领我去大爷和四爷家串门，回来时大爷和四爷一起送我们到小山附近，也送出五公里再回去。我们这边到家，他们那边也到家了，你瞅瞅这团结的。

我有个桂凤姑，是二爷的大女儿。我们家搞小课堂，大家常在一起学习，我跟表姐提议把桂凤姑请来给大家讲讲。那时桂凤姑八十三四岁了，念过私塾，有文化、有水平。我请桂凤姑给我们讲讲，我爷爷他们哥几个是怎么做人做事的。

桂凤姑说："殿斌，现在叫团结，古代没有团结这个词。你那几个爷爷别提有多和气了，你就学老人的和气。"**和气不简单，得能吃亏，能吃苦。**这都是过来老人的经验之谈。桂凤姑说："哥兄弟能都对吗？不对的时候，你能不能受这气？受点气，哥兄弟和了，气也就没了。"之后给我们讲孝悌，人家哥们之间那才叫团结，互相说话声都不高，慢声拉语的。那次桂凤姑讲的，我们都很受益。

后来学《孟子》，孟子的学生说，要想练习语气态度，说话要慢一点，对改变我们的脾气秉性有好处。

继续讲兄弟团结，我太爷对我的爷爷们有教导，在口口相传的过程中，形成了家训，也是家教的内容，就是伦理道德。要遵规守法，不要违犯法律法规，形成优良的风气习俗。

对我大祖父的教导是这样的："父教子按家法伦理序长。"伦理序长在友爱，伦理是一种自然的秩序。我们讲义、亲、别、序、信，伦理序长，按照长幼的顺序排列。兄长在前，弟弟在后，这不就是顺序吗？兄长应该怎么样？友爱弟弟。

"长克勤未在前听父训方"，训什么方？勤勤俭俭克谦让，权训儿们有义方。教你行义，是义方，这是公正的。社会主义核心价值观中公正的正，不就是义么？教你光明正大做人的道理，就是五伦八德的道理，都可以称为道德义方。义属于道德的范畴，这个道理我们都应该明白。道是什么？道者，人之导也；德者，人之得也；仁者，人之亲也；义者，人之宜也；礼者，人之体也。之前讲过，这里重复一遍。

"儿本是庄稼子工夫不旷"，克勤儿没念过书，在家做农活。"克勤能理家务早晚勤忙"，为这个家起早贪黑。"在幼年因家淡四年活讲，为人家佣过工还家饥荒。"家里贫穷，借了外债，所以给人家当佣工还饥荒。

"儿门恁兄弟五成人大长"，你们哥兄弟五个，逐渐长大成人。"长克勤于家道有功儿郎"，我大爷是当家人，关于家道、孝悌伦常方面做了很多事情，是有功劳的。"不傭工回家来家务儿掌，为过家恨利心不免张忙，父在时好善道信入宣讲"，我太爷在世时，国家设立了伦理道德宣讲堂，我太爷经常去学习。

"为好事在邻近治病治疮，儿不好信佛道虽然不谤，不乐意舍钱财怕招风光。"我高祖生了达背疮，为了治这个疮，我太

爷学会了医书。叔叔的病虽然没治好，但给叔叔养老送终了。之后，我太爷给人看外科、妇女科的病，施舍方药，分文不取，完全义诊，我太爷后半生都是这么做的。

这是好事，但我大爷不愿意这样做，舍这么多钱财，怕是歪门邪道，招来不好的名声，引起风波等。其实我大爷相当善良，是当家人，有正事，特别能干。当时我大爷岁数小，不明白其中道理。

“人怕啥就来啥家不顺当，儿伤妻娶继妇潘来后房。”当时我大爷的性格不太好，但后来练得非常好。我第一个大奶生病去世了，后来又娶一个潘氏大奶。潘氏大奶的性格跟我大爷相似，不愿意搞慈善道德事业，比我大爷还严重。我太爷施方舍药，她在外面扬风卖道。我大爷一看这不行啊，后来就不过了。

经过这场风波，我大爷醒悟了。知道父亲舍钱财，做的是利国利民的好事。有人没钱看病抓药，我们不要钱，这不是为民解难吗？之后我大爷愿意这样做了。“儿克勤为家务好好家当”，好好做家务，把家当好。

“当兄者尽兄道友爱弟长，长在前做好了手足不伤。”你当兄长的，底下有四个弟弟和一个妹妹。当兄长如果做好了，做到友爱弟弟妹妹，手足之情义就不会受到伤害。

“内齐家外处和亲友乡党”，要和乡村父老、亲戚朋友处好关系。父子关系融洽，哥兄弟关系融洽，做到孝悌，修身齐家。外面怎么办？处和。我太爷施方舍药，外面的亲戚朋友都说我太爷好，这就是亲友乡党，处好了。

“莫吝惜礼莫缺儿学大方”，不要亏了礼节，家里家外都一样。特别是做慈善做道德，对外人千万不要缺了礼节。你一吝惜，礼就行不好，古今都一样。

明理（礼）的人，光明磊落，富有责任心。古人讲，有文采、有节制、表度有章。我二爷就是表度有章，从切磋琢磨做到有斐君子，再发为礼乐、制度文为。

古人讲：用礼乐来感染人。你这样做，就是修身齐家治国平天下。宣传伦理道德，更要有礼，不然太吝啬。不明理，贪得无厌，好争理，辩是非，都是自己对，别人都不对。喜欢猜忌，做事好夸张。说的话，做的文章，往往也是冗长，拖泥带水。人情上，与人有隔阂。跟这样的人办事有始无终，不能善始善终，常常失败。有句老话说：老鸹落在猪身上，看着别人黑看不着自己黑。见人不见己，只能看到别人的毛病，看不到自己的缺点。这种人一根筋，知进不知退。

古人讲：可以行，可以止，可进可退。他全然不知道，一条道跑到黑。亏了礼的人不懂礼，不明礼，吃亏。为什么吃亏？一生错误老改老犯，老犯老改。修道德做慈善，毛病改不掉就成了“老改犯”，到临终前都悔恨不已，太难改了。

我大爷改得特别好。人千万不要吝啬。孔子评价周公，大概意思是：如果一个人吝啬傲慢，那周公就不是周公了，圣人也不是圣人了。尤其是学伦理道德的人，对父母兄弟，都不能

去施舍，不能干公益慈善事业，那能叫心胸坦荡、光明磊落吗？能有文采吗？古人讲文采就是文德：品德好，有修养，很贤能，特别文明，文质彬彬。咱们真得学习学习古人。

第三节　经商行仁义

马克思、恩格斯的著作，我读了十七年。通过学习《马克思恩格斯〈资本论〉书信集》《资本论》第一卷，《剩余价值理论》《反杜林论》等著作，我知道了商业的本质是互通有无。这个地方有大米，没土豆；那个地方有土豆，没大米，两地互通有无，商人从中获利，养家糊口。但不能囤积居奇，当暴发户，这不是正出正入。

随着社会发展得越来越好，以后欺骗、糊弄人将没有市场。现在大家都在网上买东西，尤其是大城市，几乎家家如此。如果店家产品有问题，以后谁也不买了，再想造假也没有机会，这非常好。所以我们得公平交易，不能丧失良心。

家训云："学经济做买卖交易公商，本来是人无财不能道养，人不可心过贪伤害天良。"老一辈把经商和土地赚的钱，都投资到道德课堂，三百人吃住一个月得多少钱？我去南方讲课，好多企业家、商家办的课堂，二百人，一周课程。不知道当时物价如何，按现在算得十多万,三百人至少得十三万。如果长期办下去，每月不间断呢?

2010年前后，我在广东东莞一个姓杨的企业家的工厂讲课。按每班讲7天，200人收10万元算，两个月讲七个班就得七八十万元。但我的道德课堂是义务的，大家吃住免费。我们是义务讲课，去哪儿都不要钱。

回想过去老一辈办道德课堂一年得投入多少钱?当然也有一些企业家、商家舍善。我太爷告诉我二爷说，虽然咱家做慈善道德事业，但为了养道，你也不能太贪，心过贪伤天良。

“良商做不巧取买卖发旺”，不能巧取豪夺，囤积居奇。“不以义为利本水去来江”，不合理，不合法，将慢慢被淘汰。不用别人淘汰，自我淘汰，大浪淘沙。

哪个行业都有道德模范，经商得有良心，讲义理。道德慈善是经商的根本，绝不能丧失。要把义作为赚钱获利的根本。水去来江，水很小，你可能受点小损失，严重的时候一片汪洋，损失殆尽。

“人不信看暴发商家怎样，不倾东就灭伙生意不长。”我太爷告诉我二爷，千万不能丧良心，当暴发户。咱要学先年的老买卖样，学那些道德家、慈善家。历史上这样的人很多，现在也有很多。你看做大买卖，荣华富贵的，都是道德做得好，特别慈善的。

我学过马克思的经济学,《资本论》里讨论资本、商品，告诉我们经济学的规律。必须懂经济学，否则经商肯定失败。都说厚德载物，贵是德，富是财物。**没有德行，不会富贵；即便富贵，不会长久。**

你看老一辈革命家都咋做的？谁不懂这个道理，人家为什么做得那么好？古代文化和现代文化结合得非常好。他们精通马克思理论，因此给世人做出了表率，我们要学习这些。

我太爷告诉我二爷：“咱们的子孙后代，一定别丧良心。咱要学先年的老买卖样，不要随新潮流流水奸商。”不要做奸商，要懂经商之道，想着仁义道德，孝悌慈善。

这里要明白孝悌，拿孝道来说，父母这么教育你，你听不听父母话？你要不听就没有孝道了。做慈善，道德讲堂确实需要钱财。可你丧了良心，就亏了孝道，父母绝不允许。父爱儿，是爱你的生命，你的品德，不是钱财。

“有父在观其志好办善场”，父亲在世看到你的志向了，你想做慈善道德事业。我太爷担忧，他在世能照看，慈善道德好办。过世了，儿女能不能继续像父亲在世时那样做？下面说，一定要按照父亲嘱咐的去做，千万不要违背父亲的教导。

第四节　在家行孝悌

“堂前训克俭儿孝悌道讲”，教育二儿子讲孝悌。前面讲经商，接下来讲孝悌。古人讲，在社会上必须做到仁义道德，仁义道德翻译过来是有正义感，有爱心，大爱无疆，不然怎么面对社会大众？在家里要讲孝悌，父母怎么对待？哥兄弟怎么对待？怎么能处和？要在孝悌上做文章。**在家行孝悌，在外行仁义。**

我二爷在外经商做事业，离不开道德，那是做人的指导思想。在家中怎么做？“堂前训克俭儿孝悌道讲，奉儿母在儿等孝顺慈娘，娘心体随母意手足和倡，儿克俭能知道孝悌伦常。”这几句话把做人的家道交代清楚了。

我二爷和大爷在一起生活，下面有三个弟弟、一个妹妹。我四爷是农民，一个字不认识，但在商务会能独当一面，帮二爷打理事务，经常跟官方的人打交道。我四爷说话水平不一般，像个教书先生。我伯父听我四爷唠嗑，可认真了。我四爷象棋下得好，伯父也挺精明，但象棋下不过四爷。

我四爷大高个，干活地道，忠厚老实。我现在还记得：四爷冬天穿黑棉袄，夏天穿白花旗布衫。坐姿就像练功似的，腰板溜直。不像现在的人，一坐堆那了，像没骨头了似的。人家坐几个小时，都板板正正的。我几个爷爷坐一起唠嗑，我伯父在旁边听，被我四爷讲的内容深深吸引，时不时抿嘴乐。

我二爷和哥兄弟关系非常融洽。天仁本孝悌根，孝悌是根本，往上发展才是大爱、大义。如果在家孝悌做不到，那么在外做人也做不好。过年时，太爷、太奶想吃什么，我几个爷爷都给准备好。太爷、太奶要打我四爷、五爷时，我姑奶不让打。我二爷、我爷都在地上迎着，宁可打自己身上，也不让打到弟弟身上。哥五个从小就特别和气。

我姑奶住在六间房，我们住在辽宁省台安县黄沙坨。姑奶跟我说过好几次，她每次去我爷爷家，爷爷赶快沏茶，沏好后喊："老黄啊，三哥把茶沏好了，快来喝吧。"你看兄弟姐妹之间，就这样互相关心。

《资治通鉴》里讲，司马光的哥哥八十多岁，吃饭时司马光会说："哥哥年岁大了，多吃点饭啊！"天气凉了会说："哥哥，你多穿点衣服啊！"平常的几句话，看似不算什么，却写到《资治通鉴》里，足见孝悌的重要。

历史故事很多，为什么那么突出《二十四孝》？孝悌是人伦之本，家家需要。家家都有父子兄弟，这个道得行好。

家传的《邹氏家训》也告诉我的爷爷们要奉孝慈娘。奉：敬奉，供奉。孝：孝养。现在直接说奉养，又说手足和倡，绝不能做对"和"不利的事。

我们都知道周公的弟弟是啥样人。周公却只说一句：他就是我的弟弟。哥兄弟之间，啥事都得忍让，好也别说，歹也别说。哥兄弟怎么做都得擎着，尤其是兄长对弟弟。一旦说了会伤哥兄弟的情义，情义一伤父母寒心，争吵打闹，家道衰落。

拿古比今，拿今看古。做德行要从孝悌入手，要不怎么说孝悌根扎下呢？之前讲孝图，就是为了让我们明白这些道理。

“家与外处和好事有正项。”做人得有正事，不能一天吃喝嫖赌。啥正事？要遵守孝悌伦常。事有正项，按五伦八德做人的正确方法去做。做到手足和倡，知道孝悌伦常，这是正事。得按照这个去做，不做不行。

“遇事情克俭能不慌不忙。”啥样人能做到不慌不忙？仁慈正直，这属于阳光的东西。优柔寡断，因小失大，这属于反面，正直不了。不慌不忙，之前讲稳力、定力，稳稳当当，不慌不忙。

“对待人义气存无偏无党。”对待人讲义气，大义包容。无偏无党：不偏不倚，走中道。怎么能做到中道？仁德。如果达不到无偏无党，就做不到一视同仁。从性格来看，偏执的人脸上没有阳光，阴沉恐怖。我们看做大事的人，品德高尚的人，都慈眉善目，特别安详。仁慈大度，性格沉稳，才能运筹帷幄，决胜千里。

“好与歹心量宽克俭能装。”我几个爷爷都有这种气质，其实这种气质，都是练出来的。好与歹，说你好，夸赞你，你能不能得意忘形？说你不好，你能不能悲伤生气？要好歹都能装。办慈善会、道德会和商务会，麻雀虽小，五脏俱全，有很多事情。家庭也一样，都是一个团体。能吃能装是啥样人？讲信用的人。讲信用的人怎么样？厚道。他最大的特点是有容量，有容乃大。

还有一个要点，能任重致远。任务很沉重，但我能背负起来，到达久远，这是办事成功的根本。不论从事什么行业，地位高低，有无奇才异能，都能兼收并蓄，这才是有容量的人。如果容不下别人，别人比你强不行，那你有啥容量？

在信用上正好相反，诚实的人，思想特别简单，接近愚直。如果做不到，往往达不到中道，达不到道德规范，因为这样的人器量偏狭隘。这里的器指器具的器，即器量、度量。器量打不开，结果往往孤陋寡闻。

先人如此教我二爷，我二爷也是这么做的。他老人家能容，克俭能装，能吃能装。这样人家愿意和他打交道，所以缘分非常好。“因此有亲友求来来往往，必应酬大小事全要拉帮。”我的几个爷爷，无论是当会长，还是当副会长，都办商会和慈善道德事业。有些亲戚朋友求着办事，走后门不行，但得拉帮。

怎么拉帮？我太爷的姐妹嫁到山东，生下贾家后人，贾外甥从山东来黑龙江做买卖。家运背，日子过不起来，总想做点买卖赚点钱。我太爷和我二爷说，因为你经商，他们想做点事业，你得拉帮拉帮。所以我二爷应承下来，帮这个表兄弟做买卖。

贾外甥叫贾世恩，我记得我太爷说过：“贾世恩，以后你要明白这个道理，要做到世恩。”后来我分析，意思是对世上心怀感恩，然后报恩的意思。别人帮是帮了，但必须自己去做，最终要靠自己。我二爷做点事业，亲戚朋友有事来找怎么对待？都得拉帮。

我太爷太奶的干亲张邦宇，一辈子经商，落在肇东。如果不是我二爷拉帮，他都没出路。他管我二爷叫二舅，我们叫他二伯父。老人家文质彬彬，很崇敬我的爷爷们，我的爷爷们对我这个二伯父也相当尊敬。虽然是干亲，我二爷照样拉帮。

2000年，我二爷去世五周年。祭祀的同时，我们也到叔叔家聚了一下，亲朋好友聚在一起讲一讲伦理道德。二伯父也到场了，拿出五百块钱给我叔叔，我叔叔说啥不接。我二伯父说："兄弟，你们不接是不对的，二舅、舅母（指我二爷、二奶）如同我亲生父母，你们不接我心里过意不去。"我叔叔们说："二哥，你都八十多岁了，我们不能接这钱。"

你看多亲，事儿虽小，但孝悌的事并不小。我的爷爷们拉帮不少亲戚朋友。一提邹会长，肇东街面上的老户，都知道做过慈善会、道德会、商务会会长，人缘很好。

接下来讲一下朋友方面，我二爷做慈善道德事业，教人按五伦做人。我太爷告诉我二爷，你那么多朋友，得劝他们学慈善道德。为什么呢？朋友一场不容易，得教教他们。当时好多慈善会和道德会的朋友，都来自商务会。

有人想，我自己学，自己好就行了，朋友不管了，那不行。我们不但要善于交朋友，还要善于劝朋友行孝善。朋友相不相信慈善，相不相信道德，是他们的问题。但我们得劝一劝，尽到我们的责任和义务。

你劝了，兴许人家不但自己听劝行善了，还把家人也教育好，走正道了。对于朋友，无论哪方面，能做到的我们都要去做。特别是伦理道德，如果我们知道伦理道德但不跟朋友说，他们家里有了难处，我们能看着吗？帮忙怎么帮？帮不上忙，对不对？所以我们按照五伦八德做的同时，也要劝朋友学习践行五伦之道。

第五节　恭顺兄长

接下来说说我四爷。“儿本是忠厚子务农为庄”，我四爷务农，不舍得耽误功夫，特别能干。“庄稼学未念书十四抗活，抗六年回家来二十时光。”庄稼人没念过书，14岁开始抗活。我四爷抗活时间最长，20岁回家，继续在家里干活。

“家作活庄稼子无有说项。”我四爷跟我二爷一样，干啥事心里有谱，保证不离谱。“多做活少管闲心不受伤。”好多人干活就抱屈，咱们讲服务员，苦累脏全在头前，不能抱屈。

老人常讲，干活抱屈，就像萝卜包蛆烂心子，白菜包蛆散帮子。老人说的话有道理，不能奸懒馋滑，害怕苦累脏。我四爷大高个，特别能干活，干净利落。

“忙作活一个心事事全忘，成一个庄稼人种地打粮。”回想祖先说的话，我深有感触。我们修心养性，做道德到一定程度，心里没有私心杂念，不想乱七八糟的事。没有吃喝嫖赌这些不良嗜好，恨怨恼怒，全都没有。不发脾气，不忧愁悲伤，不抱屈后悔，就一心干活。

我太爷跟我四爷说："父劝诫庄稼子克明德让。"古代经典里说：克明德、克明峻德、慎德、盛德。这都是天性，德性。这里讲的是让德。一个"让"字不得了了。**让是一种智慧，有智慧的人聪明伶俐，随方就圆，做事圆满**。让啥？让手足，手足之间要忍让，不要争夺，尤其是财产。"让手足让同胞兄弟无伤"，要想无伤，得谦让和气。我的几位爷爷谦让和气，勤俭持家。我太爷首先做到了让，把家产全部让给两位兄长。

我五爷，我的第五位祖父。"让克权教五子听父义方"，道德义方。我五爷出生后，家境渐好，有条件去学堂念书，生活幸福。五爷是家里最小的孩子，我太爷、太奶，几个爷爷，一个姑奶，尤其是我二爷，特别疼爱我五爷。

我太爷告诉我五爷，你的兄长们当初为了这个家，有经商的、有做工的、有当农民的，也有扛过活的，这些你千万不要忘了。不要因为生长在这么富裕的家庭，就养尊处优。

"儿克权承父兄基业仰仗，念书学买卖商北上龙江，地方找新来春住甜草岗。"四位兄长都受过苦况，父兄创下的基业你擎受现成的，肯定是有福。但你千万不要有依赖性，要自己创业，不然这是坑家的现象。

我五爷不但念过私塾，还跟我二爷学过经商。从辽宁来肇东后，我五爷没住在几个兄长家，可能不方便，也可能我五爷不愿意住。家里多少有点条件，就住在甜草岗新来春店。

“年轻人无守性下了地方，回家去嗜好染心好浮荡，说怎的克权儿偷要烟枪。”那时有很多卖大烟的，我五爷多少沾染点，最初家里没有意识到。没几天，我五爷自己一看这不是好事，加上其他几个爷爷一劝就好了。后来跟我大爷、二爷、四爷在一起，一边帮着经商，一边张罗慈善会、道德会的事。

我几个爷爷慈善道德事业做得很好。为了教育世人，特别是教育自己的子孙，不想子孙走差道。我太爷说：“儿倚赖家有靠倚赖兄长，教五子在好时儿得自强。”得好好做，不能稀里糊涂，得自强。天行健，君子自强不息。这个自强体会不到，意境肯定流失。一旦流失，对我们行道也好，做德也好，极其不利。

《道德经》中讲：胜人者有力，自胜者强。这方面我深有体会，古圣先贤的话太了不起了。我经常想，我们的祖宗太伟大、太英明、太智慧了！“莫倚赖莫浮华得有志向，好好人不正干自务下行。”我太爷劝诫子孙千万牢记祖训。

“见父信急立志身莫旷荡，莫疏散大小的住个地方。”不能自务下行，一定要听父母的话，急立志，身莫旷荡。虽说初来北方，不熟悉环境，但你兄长在这，你不要把家人疏远离散，大大小小得住个地方。

“论为父不应管死后虽想，想儿母惦念你时挂心肠。”你已成家立业，父母这么大岁数了，本不该管你。可当父母的，尤其是母亲放不下儿女。

“儿无有正业干儿母愁想，恐后来儿受罪无有下场。”一定要听长辈的话，听父母的话。这样做不是愚忠，也不是愚孝，而是有智慧，要牢记祖训。古代优秀传统文化教育我们做个好人，本质没有差别，无非就是古代汉语和现代汉语的差异。

“儿一日不学好母惦心上，克权儿好好学现成福享。”我太奶惦念我五爷。四个兄长在头前，为这个家日夜操劳。我们家族在肇东县甜草岗，也是有头有脸，排在前面的人家。

“享尽了恐难免身家放荡，到难时知为父苦口良方，方在儿自己配自强方想，人不到为难时不回头墙。”我在南北方讲课，常有老人家问我，儿子赌博咋整？天天喝大酒咋整？吸毒咋整？啥样的都接触过，经常遇上行道行偏的，愁死年迈的父母了。不愁吃不愁穿，子女咋就这样呢？我劝他们学习五伦八德。再看看时代楷模，特别是道德模范，各行各业都有。父母做到了，儿女就有办法了。

我太爷教育子孙后代，千万不要沾染不好的东西。年纪轻轻就享福，不服管，为所欲为。堕其四肢，只考虑享受，就如苦海浪。到困难时，才知道父母说的都是拯救自己的良方。

但这个方剂还得自己配，行道做德，学慈善，做爱人爱物的事。我们讲的都是理论上的，自强这个事得靠自己，别人没法替你。方子可以是现成的，但实质上得自己从心灵上配。

别人从理论上配的我们未必能接受，实际要自己操作。配方跟理论可能一样，要涉及本质。不涉及本质，就会空口说白话。我行孝悌，我行慈善，那等于空的。

我们夫妻在这方面深有体会，从1987年开始，我学习践行伦理道德。我妻子跟随到现在，我们没有放弃过，一直坚持学，人做事得有毅力。

我讲的有些地方可能不对，但我个人觉得理论没什么问题。可能有些关于伦理道德方面的古代词语阐释得不是太详细，但从根本上看没什么问题。

人走到极端时，撞南墙还不回头，甚至从监狱出来还犯罪，特别刚强，形成了一种很难教育的性格，很难纠正。

“借克权讲教育家法讲讲，讲好的化不好去短补长。儿克权宜立志后有福相，不听教恐难免受苦无疆”，不听话恐怕没有好下场。

讲义气，不分家。树大必须分枝，家也不能不分。但我们一般不主张分家，分家都是自然而然的，分就分了。现在社会兄弟俩、兄弟仨在一起生活的，在北方没听说过，在南方有，很少。

我爷爷他们哥五个没分过家。我父亲、我伯父、我叔叔他们哥三个，没分过家。我们兄弟三个，也没分过家。我21岁参加工作，家里房子住不下，我二弟出去盖个房子，也没分啥。我们兄弟姐妹五个，没干过仗。她们妯娌三个也没吵过，闹过。

老人不吵架，不干仗，没有这根。其实有根没根无所谓，如果老一辈干仗，我们就不干；如果老人不干仗，我们也千万不要干仗。和和气气过日子。不分家，兄弟之间能没有点矛盾吗？有矛盾要能受气。

家训云："在家中能气受学无能为。"要学无能，学无为，告诉我们在家里别生气，别去争，别去抢，能受气。就像舌头和牙互相摩擦，偶尔牙咬一下舌头很正常。有摩擦的时候，你一受气，哥兄弟之间的矛盾就没了。能受气，别憋气，不然憋出个大肚子可够呛。

"一人让一家让一国兴让，让家庭克让儿让孝悌良。"让德对面是争贪，让是大堤，一争贪大堤就崩溃了。大堤一崩溃汪洋一片，所以家家都要实行让德，哥兄弟之间就是个让，忍让。

忍辱负重，辱没你，谩骂你，让你吃亏，逼迫你上当，能忍住你就成功了。委曲求全才是大丈夫的样子，大丈夫能屈伸，特别有忍耐性。长时间忍耐，真正像仁德之人坚忍耐劳，这叫耐时英雄。

从古到今的英雄豪杰、伟大人物，都有这种能力。时代楷模、道德模范，他们的骨子里都有这种精神，是我们学习的榜样。那些老红军，虽是百岁老人，但精神矍铄，气质不凡，看一眼就能感受到他们的精彩人生，跟光辉灿烂的古代文化相得

益彰。

老共产党员焦裕禄，无私奉献的雷锋，为人民服务的张思德等，他们名垂千古，值得赞叹。这些人哪个不是孝子贤孙？放到哪都是忠孝贤良的人。

我们讲传统文化忠孝贤良，就是要做到公正、友善、平等、自由。人家的自由，是真正的自由，在道德法律面前游刃有余。**要想真正实现孝悌忠信，在家里家外都要实行让德。**“克让儿无别教实行克让”，实实在在做到让。

第六节　友爱弟弟

我的两个弟弟、弟妹做得好，他们伺候老人，伺候兄弟，家里又办课堂。我和张老师能在外面鹦鹉学舌讲讲课，都是他们成全的。我俩背后时常说这事，真是感恩两个弟弟、弟妹。

不然，我年近九十的父亲和五十多岁、未成家的弟弟怎么办？一个父亲，一个弟弟，伺候起来不容易呀。三五年说嘴都好说，真正伺候时，天天在老人跟前，在小叔子跟前，绝对不容易。我觉得天下好像没有比这更难做的事了。德行就在这里，真德孝悌。我三弟和三弟妹，跟我父母在一起生活几十年，给我母亲养老送终，侍候我父亲到现在。

我们不常回家，回去一次待三两天的。前段时间，我们从深圳回来去看父亲，在那住一宿。老人慈啊，早上三点多起来，去市场给我们买油条。夏天去时，老人家三点多起来，给我们买苞米。

九十来岁的人，去市场得走将近二里地。老人家说，你们也老了，一晃头发都白了。我父亲说："行啊，你俩这么做吧（指我们夫妇俩常年外出讲课），也算对得起祖先了。为国家出去讲，孝天下的父母。你们别挂念我，你三弟妹对我可好了，你们放心吧。"

我们夫妻俩孝道、悌道尽得远远不够，没办法，只能这样。走时给我们拿这拿那，不拿还不行，老人多大岁数都惦记儿女。如古人所说：百岁老人常忧八十岁的儿。

"在克权在堂前孝母敬长，无父得从兄教教育家常，常道行在日用一家和唱，唱好了一家戏大家有光。"在堂前要孝顺父母，尊重兄长。没有父亲了得从兄教，要跟兄长学习家常，家常就是伦理道德。母亲一般不管家事，父母中有一个去世了，特别是父亲，家业由儿女接管。像我父亲六十多岁就啥也不管了，让我们哥几个管。

我两个弟弟、弟妹特别尊重兄长。每次回去，弟弟、弟妹们都挽留："大哥，多住两天吧。"我二弟妹给我烧水洗脚，我能让她洗吗？我二弟给我端水洗脚，我能让他洗吗？岁数大了行，我还年轻，身体还好，不能让他们洗。吃饭时，都额外多

做几个菜。哥兄弟一场，现在我们都老了，有时候我寻思，赶快歇两天吧，看看老父亲，看看弟弟、妹妹们。

我们家族办传统文化课堂，我二弟、三弟和我姑家都有课堂，都以家庭为单位。每次十个或二三十个人，来家里谈一谈。谁家有什么事，大家探讨解决。我叔叔家也有一个课堂，后来叔叔从尚家镇搬到肇东市。肇东的课堂挺大，有时去那学习几天。来往路费、饭费，我们哥几个都拿，尤其三弟和三弟妹。

2000年左右，两个弟弟家各有一个猪场，一年能赚四五十万。那时老亲少友来学习，他们顾不过来，两个弟弟和弟妹一合计，把两个猪场全挑了，坚决跟大哥一起学习伦理道德。

我父亲说你这俩弟弟、俩弟妹可真够意思。如果没做好孝悌忠信，别说父母了，就连弟弟、弟妹我都对不起。他们都没和我商量就决定不养猪了。最初我心里害怕，咱们设身处地想一想，万一课堂整不起来，两个猪场没了，我做大哥的咋整？

我能出来鹦鹉学舌，和父亲、弟弟、弟妹、妻子、儿女的大力支持有直接关系。如果他们不支持，我能出来吗？出来就亏了孝悌道，被逼着也得做好。课堂上有时没钱购买伦理道德方面的善书等，家人就给拿点钱，哪有灾难啥的，家人也舍钱。父一辈子一辈，就是这意思吧。

“唱散了子弟班兄弟下场，百家席百家散手足规章。”手足规矩，也就是悌道：友爱恭顺没有了。“而今时不说是家家这样，有几个极乐家喜气洋洋。不生气就打架老少争嚷，不分家就讲口兄弟阋墙。谁能想一父母同胞情想，人根本全丧了世界空忙。”空：没有。忙：忙碌、忙乱。落到空忙里，就白忙，竹篮打水一场空。家里因为钱财，生气干仗。

我们老家那，有好多人因钱财告状。有的儿女告父母，有的父母告儿女，父母告儿女的多，父子情都伤了，家就过不起来了。人常说：家和万事兴，和气生财。我们讲和谐社会，火车都有和谐号，也是提示我们要和谐。

路旁张贴着标语：尊老爱幼、妻贤夫安、父慈子孝、兄友弟恭、耕读传家、勤俭持家、知书达礼、遵纪守法……这些都铭刻在中国人的心中，融入中国人的血液中。词语不同，本质相同。

“为己心为儿孙发财心想，黑夜白心盘算百计千方，怎能来无义财长久难想，无一个当人子求孝爹娘。”我太爷教育子孙后代：要孝敬父母，千万不要成天想着钱财，忘了父母，忘了孝道。

那些年，我的姑姑、叔叔、大爷等，从五十多岁开始讲伦理道德，讲到七八十岁。现在岁数大了，一般不出门了。我现在70岁，算年轻的。我们一代代传承忠孝贤良，做善良的事，为国尽忠是大孝。

就性格来说，现在火性人很多，火急火燎着急挣钱。这种性格的人，什么事都要求最高标准。可实际一想，又不切实际，

没有明确目标，没有明确规划。一步一步怎么做？需要雇多少人？如何经营？这都不想，只想一下挣多少钱。这是空想妄想，根本实现不了。我们要尽孝道，不义之财不能想。

“有钱子与父母吃喝奉养，爹娘病无孝子侍候久长。不用说人无财孝更难讲，讲到此当爹娘真得心伤。”有钱的儿女吃喝奉养父母，父母有病时不能伺候，没钱的就更不用说了，讲到这些当父母的真的心伤。

“想当年他父母怎样儿养，养儿子家怎穷饥咽糟糠；也不能抛儿女要饭儿养，养儿小家怎穷养儿一帮；一帮儿多不能父母老养，养儿为防备老积谷备荒；看起来当爹娘来还儿账，账还了谁是谁父母儿郎。”儿女小时，父母讨饭也要养活儿女。父母老时，一帮儿女不能孝养父母。就好像父母欠儿女账码似的，还完了谁是谁的父母，谁是谁的儿女，没有父母、儿女之情了，这不大错特错了吗？

父子、兄弟常常连在一起讲，不好分开，这涉及父子和兄弟两伦。一提起孝悌，就知道这是慈孝友恭的省略。五伦，即伦理道德，其实就讲一个“孝”字。我们讲主题词时，讲到大孝法、广孝法，这孝法越推越广。有孝心的同胞们，及时孝顺爹娘，让爹娘幸福安乐。古人讲“长其长亲其亲天下平康”，这是多么美好的事情。

古人讲：无父从兄。如果父亲年迈或去世了，还能执掌家政吗？按理来讲到了中央戊己土的位置，有些事就应该退下来，不能乱管事了。但教育儿女的责任是终身的，不能退下来，到什么时候，老人对儿女都有教育的责任。

长兄如父，长嫂如母。一般家庭对这个理念有所了解，但比较淡化。学习伦理道德，就要做到无父从兄。父母年迈了，我们应当考虑兄长的意见，这也是当弟弟的恭顺兄长的表现。

另外，兄长要领着弟弟、妹妹做事，包括家庭中日常事务。当兄长的领着弟弟妹妹，把活干好，替父母分担是关键。兄长在前面好好做，当弟弟的也不能落后，不能打狼，应该跟兄长一起好好干，树形象，做榜样。

我小时候就这么做过，做得不太好。我爹说："你领着弟弟妹妹们干活，比如铲地、割庄稼，还有其他一些农活，甚至下地挖猪食菜，拾柴火。"有时他们做不好，我跟他们生气，批评他们，可能我领得不太好。

父子、夫妻、兄弟这三伦特别重要。哪一伦没做好，说明修身没做到，这是心有问题。按照三纲领八条目来讲，心上有问题，往前追，是意有问题，意念不真诚。现在好多人讲致良知（天性），志向有问题，就是还不明白道理，不懂格物。

良知不明白，良能也就不明白，这就证明智慧不够。智慧不够，心不诚；心不诚，心就不正。心不正怎么去掉不良嗜好？争贪搅扰的心还在作怪，怎么修身？

我们反复思考就会明白：家里三伦哪一伦做不好都有问题，哪一伦都涉及修身齐家的问题。我们落实五伦八德，就是落实

良能，这种关系非常紧密。

这三伦一定要搞清楚，先把家搞好，然后向外处和。要想做好，真得有爱心、正义感，得正直。这就是古人讲的，对社会大众得有仁义之心、仁德之心。

第十章 朋诚友信（朋友道）

第一节　交友原则

家训云："第五伦朋友交在五伦道，道义友天下少酒肉朋摇。"社会上有些人朋友特别多，都是酒肉朋友。天天在一起吃吃喝喝，办不了什么正事。

"人不在患难时无真朋少，同患难同富贵得生死交，交莫送朋友多在事上好，或下台人下乡朋友远了。"你辉煌时跟你老好了，落难时就人走茶凉，这都是事上的朋友。

一、与为人正直、诚实、博闻广见的人交朋友

他们有正能量、积极阳光、不欺骗人，大家志同道合，可以在一起做事。从古到今，凡在涉及慈善道德的事业中交的朋友，往往都会成为道义朋友。

像老前辈李大钊所说：铁肩担道义，妙手著文章。他担的道义，是共产主义事业。其实，革命前辈做的一切都是为全人类的慈善道德事业，他们非常正直、诚实、博闻广见、有学问，所以，要跟这样的人打交道，交朋友。

遇到这样的人，要好好相处，不要失去这样的朋友。因为人不能没有朋友，修好朋友伦是人生当中必备的品德。假如一个朋友都没有，五伦关系就失去一伦。

过去我们讲课常说：如果每一伦二十分，五伦做齐就是一百分，朋友伦没有，就等于二十分没了。

我们居家过日子，处在小家庭范围内，有时体会不到朋友的重要性。如果你要做大事，道义上的朋友特别重要。

像我们敬爱的周总理，就有很多好朋友。这些朋友为国家、为民族事业做出很大贡献。人要想做一番事业，无论什么事业(当然必须是正业)，如果没有朋友帮忙，都很难成功。像马克思、恩格斯两位伟人，为伟大光明的事业舍生忘死，是真正道义上的朋友。

我们讲结交朋友的原则，就知道了如何交朋友，这是我们人生必须要走的一条道路。如果过去不会交朋友，现在必须好好交。

二、不与阿谀奉承、两面三刀、口是心非的人交朋友

阿谀奉承不就是溜须拍马吗？用着你了，对你谄媚、点头哈腰的。用不着你时，离你远远的。

再就是两面三刀的人。当面一套背后一套，处处都有套，

专给你下套，你还不知道。

两面三刀，这面也讨好，那面也讨好，把人家当阿斗，好像自己聪明伶俐得不得了。其实时间长了，大家就都知道了。

还有一个是口是心非的人。说得挺好，做的时候就不是那么回事了。

过去我父亲常讲：辽宁奉天的人特别口是心非。客人到家里串门，呆一会，中午了，客人要走，这时主人会说："别走了，搁这儿吃饭吧。"客人说不吃了。其实主人不是诚心留，客人继续往前走，这时候主人又说："再唠一会，你就在这吃吧。"客人知道不是真的，继续往外走，都走出屋了，主人还说回来再待一会儿吧。客人都走到大门外快二里地远了，还假惺惺地说："回来搁这儿吃饭吧。"光说没有实际行动，假心假意，要真心留肯定能留住，不真心留就留不住。

三、要广交社会和国际朋友

现在这个时代多好，全世界大融合。各个国家的人都可以通婚，文化也大融合，所以有条件就多在社会上和国际上交朋友。

十多年前，我们在广东、香港讲课，来了几个其他国家的人，我们互相交流，并把五伦八德的书籍送给他们。这种情况，就可以建立朋友关系，有些书籍就能传出去了。像新加坡、马来西亚、澳大利亚、加拿大等都是华人比较多的地方，通过朋友间的联系，有把五伦八德传到美国、德国的，实现了文化共享。

我们宣传的是中华优秀传统文化，伦理道德。全球人都需要，我们要广交善友，传播正能量。

第二节　朋友间应尽责任

朋友相处，双方都有要尽的责任。规劝朋友，探视照顾，紧守秘密，相互尊重，不记怨，贫相济，难相助，不毁谤等，都是做人朋友应尽的责任。

一、朋友作恶要劝止

朋友作恶，我们要劝一劝。

很多人不懂伦理道德，从事不正当行业，家庭出了矛盾，夫妻不和，父子不和，兄弟争吵打闹争财产等，这些我们都要劝一劝。

古人常说劝赌不劝嫖，劝嫖两不交。一般的事情比较好劝，这个不好劝，但作为朋友，也得想办法劝一劝。

我们夫妻劝过，后来朋友关系没以前好了，但还算是朋友。起因是我的一个男性朋友有婚外恋，女方因他离婚了，就等着男方离婚，他们组建家庭了。我们夫妻俩就劝他，要是不劝，两个家庭就破裂了。劝了之后，经过一段时间，两个家庭恢复原样了。

为什么要劝呢？因为离婚会涉及财产纠纷、孩子归谁等问题。到打官司的地步，对家庭是一种苦难，对社会也是一种负担。家庭一破裂，夫妻、双方父母、孩子，至少七个人遭殃。其实不只是七个人的问题，细想一下非常恐怖。

所以，我们尽量劝一劝。后来女方复婚了，我朋友的家庭也没有破裂。虽然没破裂，但对家庭产生了阴影，对儿女也有一些影响。

所以，我们明白这个道理后，尽可能不拆散家庭。通过劝解能复婚的就复婚，复不了的不能强求。人们常说：强扭的瓜不甜，一切顺其自然。

以上是说朋友作恶一定要劝止，劝的时候得有策略，不要伤害朋友。

二、朋友隐私不要宣扬

老话说得好：丑事家家有，不漏是好手。一点不假。

每个人的家里都有点隐私。如果朋友发生了一些事情，你知道了，千万不要像播报新闻那样，跟这个说，跟那个讲。我们不要宣传这些，更不要讲究别人。常言说得好：闲谈莫论人非，静坐常思己过。

孔子说过这样的话：父为子隐，子为父隐。什么意思呢？叶公跟孔子说他家乡有个正直的人，父亲偷了一只羊，他儿子告发了父亲，跟人家说了不该说的话，孔子认为这是不正直。

古人还有这样一句话：子不言父过，女不道母奸。父亲有什么过错，一般当儿子的都不说。母亲做了一些奸诈（不好的）事，当女儿的也不应该说。

现在有些人，不明白这个道理。当儿女的，到处宣扬父母做得不好的事。朋友的事也传扬，成天讲别人的过错是非，陷入恶性循环。

古人讲隐恶扬善，而不是隐善扬恶。有的人，听她唠嗑，把公婆、父母、哥兄弟、夫妻之间的啥事都说出来，这不整颠倒了吗？如果真是一种善意的批评教育也行，但实际上不是。

每个人都有过错，家家都有隐私，我们不要去说。因为你说了，别人就对他产生看法，你就起到了破坏作用，这是最可怕的。本来大家对他印象挺好，可你把他的过错一说，大家对他的看法就不一样了，以为这人品性不好，这是最不可取的。所以不要宣扬别人隐私。宣扬就成两舌了，我们要止恶扬善，弘扬正气。

三、朋友有病了，我们要去探视

朋友生病需要帮忙的时候，我们要主动上前帮一帮，不要袖手旁观。朋友类型分为：道义朋友、事上朋友、酒肉朋友。经典中讲："近朱者赤，近墨者黑。"所以我们结交什么样的朋友，在我们的心里要有一个定位。

有的朋友可能家里比较贫困，或来不及备齐钱财物件，我们尽量帮一帮。

例如：老人看儿女天天和朋友们吃吃喝喝，不怎么干正事，就不太赞成。这样的朋友，老人看不惯。赶上老人住院了，孩子们的这些酒肉朋友都去了，父母一看，孩子，这么多朋友来看自己，定是人缘不错，就很高兴。

酒肉朋友可能赶上你有病，或家里有事，就去一次，去第二次的都很少，我见到过。因为要探讨这几个类型，所以做了一些调查研究。

表面上看那么多人来看父母挺好。其实，大多数人把礼还完就走了，不存在太多真情实感的关心。一开始大家都来看看，后来就没有人来了，因为账码平了。即使有少数几个人再来，也是来还债的，从那以后没有人来了。

事上朋友就是：你给我办事，我给你办事；你不给我办事，我也不给你办事。

我们经常能见到这样的现象，不用看小说，也不用看电视，都是现实版的。我们常听别人唠嗑或打电话："老李，我这个事你给我办没办好？"那边说："没办好呢。"然后又说："我的事你没给我办好，你这件事我也不给你办了。"还听到一种声音："老王，我儿子要去你单位的事，安排得怎么样了？"对方说："已经安顿好了。""那行，那你姑娘的事，我一定安排好。"这样的对话，几十年来，听过不少次。

结论是：事上朋友是等价交换。酒肉朋友也有等价交换的成分，但更多的是以自己利益为主，甚至忘恩负义。比如朋友病了，他们去看望，朋友说急需一万元看病，道义朋友不会考虑任何回报，马上拿出一万元钱。事上朋友、酒肉朋友可能想法更多一些。

不是说不是道义朋友，我就不感恩，不是那意思。只是说这三种朋友心态不一样。**道义朋友，志同道合，是真情实意，不是等价交换。**

四、朋友间要互相尊重、赞叹，不断往来

朋友之间不能互相指责批评，互相挖苦打击，要互相尊敬、赞叹，这才是最重要的。另外，既然结交为朋友，就不要断了往来，互相之间常看望。

五、贫富不等要拉齐

朋友之间的贫富、地位都不太相同。作为朋友，要想着自己富有了，让朋友也富有；自己地位提高了，想办法让朋友地位也提高。所谓："苟富贵，勿相忘。"这一点要不是道义朋友，不容易做到。

像我朋友不太多，都是道义上的朋友。大家一起学习伦理道德，也是良师益友的关系。

第三节　教性是真教

以我太爷和我二爷为代表，以点带面说一说祖辈们交朋友的情况。我二爷的朋友主要是慈善会和道德会的，商人居多，像鞠文达、牛海波、王华堂等。

一、变化气质

牛海波是慈善会副会长，见义勇为。慈善会需要房子，他出财出力，在肇东县城把房子盖成了。我太爷讲："牛海波副会长见义勇为，勇操办慈善会房所盖成。"

但这位朋友有时志向不太坚定。所以我太爷劝他："望贤契办道德志向立定，莫疑惑心退志半路途中。"意思是说做慈善道德志向得立定，志向立不定，事业做不成。

我太爷又讲："中年好幼年苦修老来命，命造化在永长弟借光兄。"牛海波副会长借他兄长的光，就要报答兄长的恩，如果兄长没了，更得报答父母的恩，这是孝悌之德。牛海波脾气暴，动不动就急眼了，经常得罪人。我太爷劝他："好好修好好练自己火性，刚烈气自溶化和气道生。"

生活中，还得按五伦八德去做。奉养父母，既要孝心，又要孝身，必须把孝念发出来，把在世的父母孝敬好。

先人口口相传，留下的这些话语。有一句，我觉得非常重要：教育人，教性最重要。我经常琢磨，忽然琢磨明白了：教性是真教。性，脾气秉性。

孔子讲"不知命无以为君子"，像告子、荀子、孟子都讲过性的问题。年轻时看四书五经，看《孟子》七篇里讨论这问题不太明白，后来因为先人传的这几句话，我格外注意、研究。人要不知性，念这些经典，也不明白啥意思。即便明白啥意思，也不知道怎么修。要不能好好修，那做道德就做不好。即便做了，就像熊瞎子掰苞米，最后就剩一穗，其他的全丢了。

教性是真教，就是说真得把个人的脾气禀性改一改，变化一下气质。不能总生气、上火，把上下级、父子、夫妻、兄弟、

朋友全都得罪了。

当时牛海波副会长就这样，我太爷劝诫他："刚烈气自溶化和气道生。"那烈性刚暴的脾气化了，和气自然生起来。怎么能生出和气？得检讨自己，反省自己。如果家里家外谁都不得意你，造成人情隔阂，办啥事有始无终，失败收场。那就是老鸹落在猪身上了，看见别人黑看不见自己黑，这是很严重的问题。

经我太爷劝导，牛海波慢慢改变了。孝道、悌道做得都非常好。可见引领人多么重要。

二、志同道合

古人讲知己，其实就是志同道合。伯牙善弹瑟，曲调非常优美，但别人听不懂，只有钟子期能听懂。后来，钟子期病故，伯牙悲痛万分，摔琴断弦，终身不再抚琴。

我二爷有一个志同道合的朋友叫鞠文达。他在商界中行得端，做得正。他平时做商业，也特别愿意做慈善道德事业，做得都挺好。我太爷说："经者路也。"经就是路，这路是干什么的？是人走的。人在路上行走，走在路上干什么？要明白性命是怎么回事。

我们每个人都有思想性格，脾气秉性。现在讲平易近人、和蔼可亲，平时态度应该这样，这属于道德品质。修炼就应在这方面下功夫，不要动不动大发雷霆，三句话合不来就急眼。有什么事不能合计商量，甩耙子就走了，那事业能干成功吗？

我们每个人都有自己的使命。工作也好，其他事业也罢，这个事业就是我们的使命。我们常说神圣的使命，不就在这吗？充分发挥我们的良知、良能，像过去说的主观能动性，尽心尽力，完成使命。

我太爷说鞠文达是一个道德品质比较高尚的人。他明白五伦八德，**孝敬父母，不但孝身，还孝心。**真正的孝子，父母活着的时候是那样孝顺，去世后，也像没去世时一样孝顺。就像英雄豪杰去世了，但精神长存，所以我们要学习、发扬这种精神。

天安门广场上耸立着人民英雄纪念碑，它承载着中国人对革命先烈的缅怀、对民族英雄的敬仰。革命精神永远不会磨灭，我们要继承和发扬。如同我们家族的精神传承，一代一代也是这样。祖先的德行，我们要发扬光大。同时不好的地方，我们也要摒弃。

说起祖先，我们都知道九世：父母、祖父母、曾祖父母、高祖父母、鼻祖父母、世祖父母、宗祖父母、太祖父母、始祖父母。家家都有，太远就不知道了。古人讲述祖德，祖先的德行、美德，应该继承发扬下去。我们不能忘记祖先的教导，忘了就等于忘记过去，丢了根本。

太爷告诉我二爷的朋友鞠文达："圣道讲孝视死孝得如生，生孝身奉养亲死后孝性。"意思是：不要忘了祖先的教导，祖先就像大树根，我们天天从大树根吸收营养。先人的美德，我们要继承发扬。

道家讲孝通元性，儒家讲天性，其实是一回事，都是讲天人合一。你要把这个道学好，做啥事都顺利。

我们一再强调：性不明口念经不算修行。儒释道经典非常多，想知道自己是啥样品性的人，根据自己的爱好就可以判断。例如：是否好吃喝穿戴，平时为人处事的风格，一直以来的生活习惯等，都能反映出我们的个性，可以对照一下。

《道德经》里讲："知人者智，自知者明。"自知者是明白人，我们要做一个明白人。通常对自己了如指掌是最难的，说清楚别人是啥样人很容易，但说清楚自己不太容易。包括我们的一切爱好、不良嗜好、私心杂念、脾气秉性，或美好的品行等，这些性格你自己可以定位，明白后，才能把自己不需要的那部分修掉。

儒家讲存养之道，其实就是修养我们的道德品质。我太爷告诉鞠文达："在文达自达德孝通元性。"文达是人名。文：文明。达：达人。在文达自达德，你自己要做到慈善道德，同时要发出这个孝心，处处不离孝念，把你的父母、爷爷奶奶、祖先，几代人都孝敬好，这是最重要的。

三、知进退

对朋友，我们不主张在他们落难时帮忙，而是在此之前，多和他们讲讲伦理道德。如果说晚了，过这村没这个店，恐怕再帮不上忙了。所以平时要用伦理道德，多多劝化亲戚朋友们。

王华堂，是我二爷的朋友。他当时处境不太好，我太爷精通伦理道德，就劝说王华堂："你现在的处境就是你的命运。"现实状况不理想，我们不要怕，通过好好学习、践行伦理道德，就能慢慢改变命运。

学习五伦八德，我们要做到知行合一，目的就是达到天人合一。我们讲"道"和"灵"，即心灵与道相结合，道是自然，就是天人合一。

经典中讲："一孝达天德。"这大道是通天的。"通天道如学通世界话通。"就是达到了一种自然的境界。我当时不太理解，研究了十多年，才明白这句话的意思。

为什么我明白了？因为我姑奶对我教育不少。1988年，在辽宁，她老人家用手比画着说："劝化亲戚朋友要用'世话'。"当时，我把"世话"理解为四个现代化了，认为老人家挺厉害，都90来岁了，还懂得现代化。

我姑奶也算是老学究，8岁学习，95岁去世，字字句句不离道德。可以说，言不离道，行不离德，坐哪都板板正正，不随便说话。说的每一句都是有用意的，对我们晚辈教育意义极大。

我反复研究，都快到2000年了，才明白这话的意思，就是用说话的方式，把人教化或教育好，这样就可以“世化”了，倒过来说，就是“化世”，即用伦理道德改变世界。

我们每个人都一样，讲讲伦理道德，劝劝世。亲戚朋友都和我们有缘，我们劝一劝。大家好好学习五伦八德，对自己、家庭、社会、国家都是件大好事。

学好五伦八德，走遍全世界都能用得上。我们国家领导人出国访问，送给国际友人的都是四书五经等传统文化书籍，这是中华民族的瑰宝。国家领导人走在传统文化最前端、最前沿，是潮头，我们也应该学习，应该这样做。

我太爷又对王华堂说：“通时事达人能知时知命，命不要强贪求无有可争。”你要知道时事，时世需要伦理道德，要与时俱进。通时事达人能，就是人的良能，我们所做的事情，能做到的，尽可能去做。好好落实伦理道德，就是良能，这是我们的神圣使命。

“命不要强贪求无有可争。”意思是说：我们心态要转变一下，立足现实，不要有非分之想，不要争贪，不要强求。努力奋斗没问题，但不要过分强求，强求不来。无有可争，不要天天为名利下功夫，最后得不到，还会痛苦。

如果“争贪”这个念头不被制止，那将非常痛苦。“争名心好道德争利心动。”争名利时，要考虑道德底线，要爱好道德，否则，争利时肯定动心思、使心计，尔虞我诈。

争利心动，心一动，“动则变家不安子弟灾星”。一动歪心思，一算计别人，就等于给子弟降落了灾星，这是一件可怕的事情。太爷告诉王华堂：“赶紧回头，不能只进不退。”一根筋、一条道跑到黑，前面已经有危险了，要知道停止。说知止，可以行可以止，可进可退。正如孔子讲的：无可无不可。

劝王华堂赶快回头，知进退，修品德，培后种。培自己和子孙后代的德行最重要，其他啥也不重要。

培好后人的德土，不就是培我们自己吗？培自己就等于给后人培上了，好多人说我回去教育子孙吧，好像是培德土，其实搞错了。作为父母当然要教育后代，但主要是教育自己。

培土、培根，其实是培自己。父母德行好了，孩子德行自然好。如果父母不做德，去培孩子，那能培上吗？

我太爷告诉王华堂：“你要发出真孝心，为祖宗而存大义。”就是报孝，报恩祖宗，为祖先争光。

大家看这几个故事，都离不开孝道、悌道，都是让我们提升品德修养。

五伦还有边缘关系：干亲或义亲等，像姑爷、儿女亲家、老同事、老朋友、老同学等。我的先人就这么做道德，所以我们子孙后代也这么做。

我太爷告诉姑爷：“过家道在和睦手足无争。”劝姑爷听岳父的话，“愿你们夫妇好婿女德成”。我有俩姑爷，和姑娘们一起回来时，我也三言两语劝劝。像我太爷劝他的亲家：“干亲家爱好结儿女亲庆，培德两家泽善甘雨和风。”

在这人世间，和我们有缘的人，只要能说上话的，就多跟他们讲讲伦理道德，这是正事。

我太爷劝老亲少友：“张振先张纯玉大小柜领，领财东做买卖执事尽忠；忠报效财东家财源茂盛，百行人凭良心大道财生。”这样的劝化，处处不离道，不离德。

我几个爷爷特别和气，他们的子女都是我太爷的一爷公孙，也就是我的伯父、叔叔、姑姑们，这些老人家一直走动。如今已四五代人了，都还在走动。

我们夫妇七十多岁了，亲戚朋友谁家婚丧嫁娶，我们都去，每个月跑好几趟。除了亲戚、朋友，还有表兄弟姐妹，这都属于五伦边缘的关系，我们也都走动着。

马克思与恩格斯是一对伟大的朋友，他们亦师亦友。马克思一生非常贫困，得到恩格斯的大力支持，他们是真正的朋友。

马克思和燕妮是一对伟大的夫妻。他们患难与共，共同度过38年艰苦而动荡的生活。燕妮一生都在做马克思的“秘书”，一般人做不到。

他们是伟大的思想家、哲学家。放弃个人幸福，为追求真理、追求人类崇高事业而奋斗。我们要向他们学习，学习他们远大的志向，学习他们的朋友之道、夫妻之道。

第四节　交道义朋友

中华人民共和国成立前，我四爷有一个朋友，实在没地方去，来投奔我四爷。他俩是好朋友，不过好长时间不来往，感情已经淡化了。后来我分析，可能因为身份特殊，这个朋友怕连累我四爷，所以故意疏远我四爷。我四爷始终没跟家人说他俩是什么关系。

话说回来，我四爷的这个朋友逃难到我们家。那时我们没分家，我四爷一看往哪藏啊？万一藏不好，一家老小性命都得搭进去。涉及全家，后果很严重，我四爷挺有道，给这个朋友藏在一个谁也找不着的地方。

藏完没多久，就有官兵过来盘问。我四爷不承认，官兵就开始打他，打也不承认。官兵看屋里的火盆里有烙铁，于是命人将其烧红，威胁我四爷老实交代，结果我四爷还是没说。官兵拿着烙铁，在我四爷胳膊上刺啦一声，烙下一个三角印子，我四爷依然不屈服。

我四爷很了不起，严刑拷打也没承认。官兵寻思这老爷子肯定不知道，他们就走了。我四爷为朋友能承受这份苦和难，遭这罪，他的人品和毅力让我佩服。

官兵走远后，判断肯定不能回来了，也没有盯梢的，我四爷就把朋友放出来了，这位朋友感激涕零。

如果我四爷交代了，他的朋友和我们全家就都完了。后来，我想了很多，人的意志要不坚定，别说烙铁了，人家一举鞭子就吓蒙了，更别提坚强不屈了。

一年夏天，我四爷脱衣服时，我看到过胳膊的三角印子，看着都心疼啊！

我爷爷有三个好朋友，一个老聂头，两个老张头。当时他们都七八十岁了，在一起唠嗑就谈谈四书五经。

老聂头是我二弟的爷爷丈人，他们关系可好了。多数时候我爷爷去他家，他来我家的时候比较少，因为我家不太宽敞。

还有个老张头，是张广财的父亲。老人家挺有德行，他们在一起都是谈论道德，谈做人之道。凡是来家里的人，其他方面的嗑，唠得很少，简单了解情况后，就讲家道伦理。这一点，我印象特别深。

我父亲的朋友孙学印、张海常来我家，我爷总给他们讲关云长，然后讲二十四孝故事，最后讲《论语》。改革开放后，他们都搬回山东老家了。

我父亲还有几个朋友，是在生产队时结交的。我9岁时，初次到包钢，一天我出去溜达玩，走丢了。到晚上点灯时，我饿得受不了。就到别人家去要吃的，人家给我一个馒头，那时的人很善良。

包钢地方不太大，一听说我走丢了，我父亲的几个朋友，张修学、罗起如等人一起帮着找。当我在要吃的时，被张修学看见了，就把我领回去了。如果我爹没有朋友，估计那天晚上，我可能回不了家。大家看朋友的作用真挺大。

所以朋友、兄弟这一块很重要。如果没有朋友，就想办法交朋友。有人问朋友咋交？我说只要想交朋友，就好交。

当周围的人有困难时，你帮他一把，这个人往往会成为你的朋友。你帮他，他会记住你，你们可能成为患难之交。平时多和他讲讲伦理道德，把这个人领上路。

如果我们都这么做，世上的人都成为道义朋友，这是利国利民的一件好事。

历史上著名的管鲍之交，后世人都赞叹学习。还有齐国的宰相晏婴，他从不乱交朋友。一旦交了朋友，就会善始善终，一生不改变，所以孔子特别赞赏他。

一般人交朋友，时间长了，关系就淡化了，这样不对。像我太爷、二爷、四爷交的朋友，时间越长，关系越好，我们也要这样做。

历史上，文天祥和张千载（原名张一鹗）是好朋友。文天祥是宋朝大将军，后来当了丞相。

张千载很有才华，德行又好。文天祥想帮助他，就跟皇帝

建议：张千载品学兼优，可以重用。

元世祖忽必烈把文天祥抓住后，不想杀他，想日后为他所用。于是拿他妻子、儿女作威逼，劝他投降。但是文天祥意志坚强，宁死不降。多次劝降无果后，忽必烈就把他打入地牢，想摧毁他的意志。地牢之罪，一般人受不了，何况天长日久。

文天祥是个不折不扣的忠臣，一生忠于国家、忠于人民。晚年受尽屈辱，经历的痛苦是常人无法忍受的。他那首悲壮中充满浩然正气的《过零丁洋》，其中的“人生自古谁无死？留取丹心照汗青”成为千古名句，被世人广为流传。

文天祥落难后，张千载判断他活着出来的可能性不大。就说如果文丞相出不来，我就把家搬到监狱跟前，天天给他做饭、送饭。文天祥在监狱待了三年，他做饭、送饭三年，这才是真朋友。

当时，元朝的文武百官都劝忽必烈把文天祥杀了，说他不会投降。但忽必烈不死心，一心想拉拢他，文天祥宁死不屈。最后，还是把文天祥处斩了。

文天祥被处斩后，身首异处，张千载去给文天祥收尸，处理火化，然后亲自把骨灰送回江西老家。

后世人一看，这样的朋友太少了，千八百年就这么一位。于是，后人把张一鹗尊称为张千载，文天祥和张千载才是真正的朋友。

还有春秋时期左伯桃和羊角哀的故事，为了朋友把性命都舍出来了，这是舍命之交。

俗话说：多个朋友多条路，为朋友两肋插刀不嫌疼。所以我们要广交善友，特别是咱们弘扬道德慈善，更需要道义上的朋友帮助。